定位经典丛书
对美国营销影响巨大的观念

广告的没落
公关的崛起

彻底颠覆营销传统的公关圣经

THE FALL OF ADVERTISING
AND THE RISE OF PR

［美］ 艾·里斯（Al Ries）
劳拉·里斯（Laura Ries） 著

寿雯◎译

机械工业出版社
CHINA MACHINE PRESS

图书在版编目（CIP）数据

广告的没落　公关的崛起：彻底颠覆营销传统的公关圣经 /（美）里斯（Ries, A.），（美）里斯（Ries, L.）著；寿雯译 . —北京：机械工业出版社，2013.8（2023.9 重印）
（定位经典丛书）
书名原文：The Fall of Advertising and The Rise of PR

ISBN 978-7-111-43706-2

Ⅰ . 广… Ⅱ .① 里… ② 里… ③ 寿… Ⅲ . 市场营销学 – 公共关系学 – 研究 Ⅳ . F713.50

中国版本图书馆 CIP 数据核字（2013）第 186314 号

北京市版权局著作权合同登记　图字：01-2013-4201 号。

Al Ries,Laura Ries. The Fall of Advertising and The Rise of PR.

ISBN 978-0-06-008199-7

Copyright © 2000 by Al Ries and Laura Ries.

Published by arrangement with HarperCollins Publishers, USA.

Simplified Chinese Translation Copyright © 2013 by China Machine Press.

机械工业出版社（北京市西城区百万庄大街 22 号　　邮政编码　100037）
责任编辑：岳晓月　　　版式设计：刘永青
北京虎彩文化传播有限公司印刷
2023 年 9 月第 1 版第 21 次印刷
170mm×242mm · 14.5 印张
标准书号：ISBN 978-7-111-43706-2
定　　价：69.00 元

客服电话：（010）88361066　68326294

目录

THE FALL OF ADVERTISING
& THE RISE OF PR

第 1 章　**广告的没落** // 1
The Fall of Advertising

任何广告项目最大的问题就是可信度。一条广告对于普通人来说并不具有多少可信度。消费者认知中的广告和广告的实质是一样的——广告是一条和实际有偏差的信息，它由一个从消费者的消费中获利的公司买单。

第 2 章　**公关的崛起** // 65
The Rise of PR

没有令人兴奋的产品可以谈论吗？找一个。今天的公关战略家要做的工作，就是发现一个能制造公关的概念。但也不是任意形式的公关，而是能建立品牌的公关。

第 3 章　**广告的新角色** // 145
A New Role for Advertising

广告的角色不是建立品牌，那是公关的角色和职能。广

告的职能是维护品牌；广告的角色是公关通过其他方式
建立品牌的延续，但是不能仅仅因为方法变了就意味着
公关规划的策略也应该变。广告应该继续强化公关的概
念和理念。

广告是风，它越想努力强行进入消费者心智，就越不可
能达成目标。潜在顾客偶尔放松防守，风就会获胜，但
是这种情况不会经常发生。公关是太阳，你不能强迫媒
体播出你的信息，你能做的只有微笑，并确保你的公关
资料尽可能对媒体有帮助。

过去半个世纪，在我们为中国和世界上其他国家的客户提供战略咨询服务的过程中，我们发现营销世界中最大的神话就是"用广告来创建品牌"。

事实上，当你和企业的管理层讨论市场营销时，他们的第一个想法就是：我们要在广告上花多少钱？

广告和营销的关系如此紧密，以致于提到一个广告，人们就能想到另一个。在美国，最大、最权威的营销类出版物的名字就是《广告时代》（Advertising Age）。

我们之所以写这本书，目的就在于打破广告和营销之间的这种联系。

广告确实很重要，但它不是创建品牌的方法。2008年，全世界最成功的两个品牌"北京奥运会"和"奥巴马"都不是通过广告创建的。

广告真正的作用是在公关建立品牌之后用来维护品牌。这个区别非常重要。

很多企业错失了建立强大的全球品牌的良机，因为它们总是在等待市场发展成熟之后再作行动。

何以至此？因为大多数企业都存在一个根深蒂固的想法，它们认为，一个新品牌的创建必须依靠一个大型的广告活动；而在市场发展成熟之前，没有必要把金钱耗费在广告活动上。

具有讽刺意味的是，最近几十年来，大部分成功的全球品牌都是由那些当时无力支付巨额广告费用的新兴企业创建的，包括星巴克、红牛、谷歌和很多其他品牌。

大企业很少成功创建新品牌。为什么？因为当时没有这些品牌所代表的品类市场，也就是说，"市场成熟"之前，用大量的广告投资来推出这些品牌就会成为浪费。

- 在星巴克之前，美国没有成熟的高端咖啡连锁市场。
- 在红牛之前，美国没有成熟的功能饮料市场。
- 在谷歌之前，美国没有成熟的互联网搜索引擎市场。

……

把新品牌的创建和大规模的广告活动相联系，是普遍存在于当今大部分企业中的严重误区。

事实恰恰相反。一个新的品牌实际上应该运用公关活动来创建。

广告无法给予新品牌可信度。此外，一个新品牌的发展注定是一个缓慢的过程，初期大量的广告投放只会导致大量的金钱浪费。

品牌所蕴含的理念越新，品牌的发展就会越缓慢；品牌所蕴含的理念越新，广告的可信度就会越低。这两个因素决定了用公关来创建新品牌，不仅花费比广告低，而且可信度比广告高。

中国企业尤其应该对这个理念加以重视。长期来看，相比于试图去抢占现有品类中的全球领先品牌的市场份额，中国企业通过开发新品类创建新品牌更易获得成功。

未来属于新品类和新品牌。创建一个新品牌的最佳方法是公关，而不是广告。

广告并非无用，但作用不在创建品牌；公关并非全能，但威力在于推动新品牌进入消费者心智。

"生而不有，为而不恃，长而不宰。"老子对"道"所做的论述，对我们理解公关和广告对于品牌建设的作用同样适用。

艾·里斯

总序

定位理论

中国制造向中国品牌成功转型的关键

　　历史一再证明，越是革命性的思想，其价值被人们所认识越需要漫长的过程。

　　自 1972 年，美国最具影响力的营销杂志《广告时代》（*Advertising Age*）刊登"定位时代的到来"（*The Positioning Era Cometh*）系列文章，使定位理论正式进入世界营销舞台的中央，距今已 41 年。自 1981 年《定位》（*Positioning*）一书在美国正式出版，距今已经 32 年。自 1991 年《定位》首次在中国大陆出版（其时该书名叫《广告攻心战》）距今已经 22 年。然而，时至今日，中国企业对定位理论仍然知之甚少。

　　表面上，造成这种现状的原因与"定位理论"的出身有关，对于这样一个"舶来品"，很多人还未读几页就迫不及待地讨论所谓"洋理论"在中国市场"水土不服"的问题。其根本原因在于，定位所倡导的观念不仅与中国企业固有思维模式和观念存在巨大的冲突，也与中国企业的标杆——日韩企业的主流思维模式截然相反。由于具有地缘性的优势，以松下、索尼为代表的日韩企业经验一度被认为更适合中国企业。

从营销和战略的角度，我们把美国企业主流的经营哲学称为 A（America）模式，把日本企业主流的经营哲学称为 J（Japan）模式。总体而言，A 模式最为显著的特点就是聚焦，狭窄而深入；J 模式则宽泛而浅显。简单讨论二者的孰优孰劣也许仁者见仁，很难有实质的结果，但如果比较这两种模式典型企业的长期盈利能力，则高下立判。

通过长期跟踪日本企业和美国企业的财务状况，我们发现，典型的 J 模式企业盈利状况都极其糟糕，以下是日本六大电子企业在 1999 ~ 2009 年 10 年间的营业数据：

日立销售收入 84 200 亿美元，亏损 117 亿美元；

松下销售收入 7 340 亿美元，亏损 12 亿美元；

索尼销售收入 6 960 亿美元，税后净利润 80 亿美元，销售净利润率为 1.1%；

东芝销售收入 5 630 亿美元，税后净利润 4 亿美元；

富士通销售收入 4 450 亿美元，亏损 19 亿美元；

三洋销售收入 2 020 亿美元，亏损 36 亿美元。

中国企业普遍的榜样、日本最著名六大电子公司 10 年间的经营成果居然是亏损 108 亿美元，即使是利润率最高的索尼，也远低于银行的贷款利率（日本大企业全仰仗日本政府为刺激经济采取对大企业的高额贴息政策，资金成本极低，才得以维持）。与日本六大电子企业的亏损相对应的是，同期美国 500 强企业平均利润率高达 5.4%，优劣一目了然。由此可见，从更宏观的层面看，日本经济长期低迷的根源远非糟糕的货币政策、金融资产泡沫破灭，而是 J 模式之下实体企业普遍糟糕的盈利水平。

定位理论正由于对美国企业的深远影响，成为"A 模式背后的理论"。自诞生以来，定位理论经过了四个重要的发展阶段。

20 世纪 70 年代：定位的诞生。"定位"最为重要的贡献是在营销史上指出：营销的竞争是一场关于心智的竞争，营销竞争的终极战场不是工厂也不是市场，而是心智。心智决定市场，也决定营销的成败。

20 世纪 80 年代：营销战。20 世纪 70 年代末期，随着产品的同质化和市场竞争的加剧，艾·里斯和杰克·特劳特发现，企业很难仅通过满足客户需求的方式在营销中获得成功。而里斯早年的从军经历为他们的营销思想带来了启发：从竞争的极端形式——战争中寻找营销战略规律。（实际上，近代战略理论的思想大多源于军事领域，战略一词本身就是军事用语。）1985 年，《商战》（*Market Warfare*）出版，被誉为营销界的"孙子兵法"，其提出的"防御战""进攻战""侧翼战""游击战"四种战略被全球著名商学院广泛采用。

20 世纪 90 年代：聚焦。20 世纪 80 年代末，来自华尔街年复一年的增长压力，迫使美国的大企业纷纷走上多元化发展的道路，期望以增加产品线和服务的方式来实现销售和利润的增长。结果，IBM、通用汽车、GE 等大企业纷纷陷入亏损的泥潭。企业如何获得和保持竞争力？艾·里斯以一个简单的自然现象给出了答案：太阳的能量为激光数十万倍，但由于分散，变成了人类的皮肤也可以享受的温暖阳光，激光则通过聚焦获得力量，轻松切割坚硬的钻石和钢板。企业和品牌要获得竞争力，唯有聚焦。

21 世纪：开创新品类。2004 年，艾·里斯与劳拉·里斯的著作《品牌的起源》（*The Origin of Brands*）出版。书中指出：自然界为商业界提供了现成模型。品类是商业界的物种，是隐藏在品牌背后的关键力量，消费者"以品类来思考，以品牌来表达"，分化诞生新品类，进化提升新品类的竞争力量。他进一步指出，企业唯一的目的就是开创并主导新品类，苹果公司正是开创并主导新品类取得成功的最佳典范。

经过半个世纪以来不断的发展和完善，定位理论对美国企业以及全球企业产生了深远的影响，成为美国企业的成功之源，乃至成为美国国家竞争力的重要组成部分。

过去41年的实践同时证明，在不同文化、体制下，以"定位理论"为基础的A模式企业普遍具有良好的长期盈利能力和市场竞争力。

在欧洲，20世纪90年代初，诺基亚公司受"聚焦"思想影响，果断砍掉橡胶、造纸、彩电（当时诺基亚为欧洲第二大彩电品牌）等大部分业务，聚焦于手机品类，又仅用了短短10年时间，就超越百年企业西门子成为欧洲第一大企业。（遗憾的是，诺基亚并未及时吸收定位理论发展的最新成果，把握分化趋势，在智能手机品类推出新品牌，如今陷入新的困境。）

在日本，三大汽车公司在全球范围内取得的成功，其关键正是在发挥日本企业在产品生产方面优势的同时学习了A模式的经验。以丰田为例，丰田长期聚焦于汽车领域，不断创新品类，并启用独立新品牌，先后创建了日本中级车代表丰田、日本豪华车代表雷克萨斯、年轻人的汽车品牌赛恩，最近又将混合动力汽车品牌普锐斯独立，这些基于新品类的独立品牌推动丰田成为全球最大的汽车企业。

同属电子行业的两家日本企业任天堂和索尼的例子更能说明问题。索尼具有更高的知名度和品牌影响力，但其业务分散，属于典型的J模式企业。任天堂则是典型的A模式企业：依靠聚焦于游戏机领域，开创了家庭游戏机品类。尽管任天堂的营业额只有索尼的十几分之一，但其利润率一直远超过索尼。以金融危机前夕的2007年为例，索尼销售收入704亿美元，利润率1.7%；任天堂销售收入43亿美元，利润率是22%。当年任天堂股票市值首次超过索尼，一度接近索尼市值的2倍，至今仍保持市值上的领先优势。

中国的情况同样如此。

中国家电企业普遍采取 J 模式发展，最后陷入行业性低迷，以海尔最具代表性。海尔以冰箱起家，在"满足顾客需求"理念的引导下，逐步进入黑电、IT、移动通信等数十个领域。根据海尔公布的营业数据估算，海尔的利润率基本在 1% 左右，难怪海尔的董事长张瑞敏感叹"海尔的利润像刀片一样薄"。与之相对应的是，家电企业中典型的 A 模式企业——格力，通过聚焦，在十几年的时间里由一家小企业发展成为中国最大的空调企业，并实现了 5% ~ 6% 的利润率，与全球 A 模式企业的平均水平一致，成为中国家电企业中最赚钱的企业。

实际上，在中国市场，各个行业中发展势头良好、盈利能力稳定的企业和品牌几乎毫无例外都属于 A 模式，如家电企业中的格力、汽车企业中的长城、烟草品牌中的中华、白酒品牌中的茅台和洋河、啤酒中的雪花等。

当前，中国经济正处于极其艰难的转型时期，成败的关键从微观来看，取决于中国企业的经营模式能否实现从产品贸易向品牌经营转变，更进一步看，就是从当前普遍的 J 模式转向 A 模式。从这个意义上讲，对于 A 模式背后的理论——定位理论的学习，是中国企业和企业家们的必修课。

令人欣慰的是，经过 20 多年来著作的传播以及早期实践企业的示范效应，越来越多的中国企业已经投入定位理论的学习和实践之中，并取得了卓越的成果，由此我们相信，假以时日，定位理论也必将成为有史以来对中国营销影响最大的观念。如此，中国经济的成功转型，乃至中华民族的复兴都将成为可能。

张 云

里斯伙伴中国公司总经理

地球绕着太阳转吗

1543 年，哥白尼在《天体运行论》中挑战"地心说"，指出"地球围绕太阳运动"的时候，恐怕不会想到 400 多年后在营销领域也会产生如他当年所面对的争议。但争议确实发生了。

20 世纪 60 年代，本书作者之一艾·里斯和他当时的伙伴杰克·特劳特合作提出了定位理论，指出在竞争激烈、形象趋同的环境下，创建成功品牌的关键在于进入消费者心智，在心智中占据独特的位置，在认知中创造类别的差异。定位理论颠覆了传统的品牌打造观念，推动营销领域步入了一个新的发展阶段。

2002 年，"定位之父"艾·里斯携手他的新伙伴（也是他的女儿）劳拉·里斯联合推出了《广告的没落 公关的崛起》，将定位思想的颠覆传统进一步发扬光大，再度向传统营销观念全面开火，直指"广告缺乏可信度，无法创建品牌"，强调"公关创建品牌，广告维护品牌"……

本书于美国出版以来，长期高居各大商业畅销书排行榜榜首，随即被翻译成十几种语言全球发行，所到之处无不引发关于公关与广告二者孰优孰劣的激烈争论。一时之间，公关业者奉此为"圣经"，到处宣扬；广告业者视此为"异端"，大肆批判。论战从美国开始，逐渐蔓延到欧洲、日本直至中国，成为 2002 年度全球营销领域的最大热点之一。

为何薄薄一本书，却引发全球营销领域的轩然大波？答案一如当日：每个人都认为太阳绕着地球转的时候，两位作者却宣称地球绕着太阳转。

作为营销世界中最大的"神话"，广告星球长期以来统治着品牌打造领域的话语权，看看下面这些令人眼花缭乱的工具或方法：

- 品牌印记：麦肯光明广告公司；
- 360 度品牌管家：奥美广告公司；
- 蜂窝模型：电通广告公司；
- 品牌信任系统：李奥·贝纳广告公司；
- 品牌资产标量：扬·罗必凯广告公司；
- 全方位品牌传播：智威汤逊广告公司；
- 品牌轮盘：达彼思广告公司；

......

借助这些"术语"，广告成功地把自己包装成为"品牌专家"（智威汤逊广告公司甚至在自己的官方网站上宣称自己为"神庙"），而公关则长期失语，只能在广告的星光照耀下夹缝求生，彻底沦为"二等公民"。

很多企业因此认为品牌建立的过程就是广告的游戏，用最好的、最多的广告，品牌就必然取得胜利。它们用火箭式的广告活动（"Big Bang"式）推出品牌，相信赢了广告战就赢了营销战。美国最大的营销杂志《广告时代》曾进行过专项研究，发现在美国市场主要产品上市第一年的平均成本大概为 6 830 万美元，其中广告费用平均就有 4 000 万美元，占整体预算的 60%。

遗憾的是，正如里斯先生和劳拉女士在本书中指出的，"广告无法给予新品牌可信度"。此外，"一个新品牌的发展注定是一个缓慢的过程，初期大量的广告投放只会导致大量的金钱浪费"。（和《广告时代》的研究对照，尼尔森公司的一项研究成果或许更值得我们深思：过去 10 年中，美国消费类新产品的失败率是 95%，欧洲是 90%；过去 10 年中，美国推出的数十万个新产品中，只有少于 200 个新产品年销售额超过 1 500 万美元，年销售额超过 1 亿美元的寥寥无几。）

出问题了。是的，的确有很多品牌是用 4 000 万美元或者更多的广告预算推出的，比如本书中提到的 Pets.com 或者一些其他品牌。但是再认真看看那些真正成功的品牌，你会发现另外一种模式。星巴克、红牛、谷歌、亚马逊、万艾可、Linux 以及很多其他成功的品牌，并不是通过大把的广告预算建立起来的。

21 世纪最成功的电子产品品牌是苹果公司的 iPod，这是一个经典的通过公关启动的价值数十亿美元的品牌。当然，苹果公司现在也投放大量的广告狂轰滥炸，但是这只在品牌成功启动之后才发生。耳朵上带着白色数据线热舞的年轻人的彩色轮廓，iPod 的广告没有告诉你产品是什么、什么功能或者价格多少，这些你已经知道了。iPod 广告要做的就是持续维护品牌，不断强化"iPod 是地球上最酷的产品"这个凭借公关建立的认知。

索尼公司旗下最赚钱的品牌 PS 同样如此。PS 创建初期没做任何的广告，但是通过大量的媒体公关，索尼公司在新产品 PS 上市的第一周就出售了数千台。

本书中提到的那些希望凭借巨额广告费用创建成功品牌的企业，在幻想破灭后所遭受的打击或许离中国读者过于遥远，那我们来看一下身边的例子。

2007 年 4 月，联合利华（中国）公司高调推出了新的洗发水品牌"清扬"，总裁薄睿凯宣称要用三年的时间"彻底颠覆国内去屑产品市场""在总量高达百亿的去头屑洗发水市场中占据领袖地位"。清扬上市第一年的广告预算是 3 亿元。

2008 年 10 月，巨人投资公司宣布与五粮液集团合作推出保健酒品牌"黄金酒"，老板史玉柱宣称"就算做其他酒也会成为中国销量第一，但黄金酒实现的速度可以快 10 倍""黄金酒将于 3 个月内赚回 10 亿元"。黄金酒上市前三个月的广告预算同样是 3 亿元。

不幸的故事总是相似的。正如大家看到的，薄睿凯先生和史玉柱先生都失望了。（我们建议两位下次推出新品牌之前好好阅读本书。）

营销是时候摒弃广告中心论看看真实的世界了。《孙子兵法》对"道"的解释是："道者，令民与上同意也，故可以与之死，可以与之生，而不畏危也。"营销的世界同样如此。

品牌之"道"在于进入消费者心智、取得消费者心智认知的认可。消费者从哪里建立对新品牌的认知？不是广告，是口碑或者公关。广告并非没有作用，但不是创建新品牌、建立新品牌认知，广告的作用是不断强化已经以其他手段进入消费者心智中的东西。

《广告的没落　公关的崛起》的分析和结论无疑是颠覆性的，但恰恰是这种颠覆性，为中国企业创建成功品牌创造了更多可能，这也是里斯伙伴（中国）公司重新翻译出版、向中国企业隆重推介本书的初衷。

"路漫漫其修远兮，吾将上下而求索。"我们希望本书的再版，能帮助中国企业重新审视长期以来固有的营销思维定式，勇于实施营销创新，真正探索出适合中国市场的品牌成功之道！

张云

里斯伙伴（中国）公司总经理

30年前，艾·里斯作为第一作者，为美国历史最悠久、影响力最大的营销杂志《广告时代》写了一系列题为"定位时代的到来"的文章。这组文章引发了整个行业震动，几乎一夜之间，"定位"成了当时广告界和营销界的口头禅。

今天，如果让我们为同一杂志写同样的文章，我们的标题则会变成"公关时代的到来"。因为无论从哪个方面看，营销都在经历着一个巨大的转变：从广告主导的阶段向公关主导的阶段转变。

今天，你无法通过广告推出一个新品牌，因为广告没有可信度。广告是王婆卖瓜，是公司急着销售产品时的自说自话。

今天，你只能通过公关推出新品牌。公关让你通过第三方之口，尤其是媒体之口，把你的故事告诉别人。

公关具有可信度，广告则没有。公关可以创建积极的认知，如果随后的广告活动得到正确的指引，这些认知就可以被进一步利用。

当为客户提供咨询服务时，我们通常建议任何一个营销项目都要从公关开始，并且只有在达成公关目标后才能转向广告。

对那些迷信"广告一响，黄金万两"的人来说，这是个革命性的转变；对其他人来说，这是营销思想的一个重要进化。

公关的延续

无论在时间上还是主题上，都应当是公关第一、广告第二。广告实际上是公关的一种延续，并且只有在公关项目实施完成以后才能开始。更重要的是，广告推广的主题应该围绕并重复公关已经在目标客户心智中建立的认知。

广告何时启动也要慎重对待。只有在你成为一个强大的品牌并且有足够资金支持的情况下，广告活动才可以开始。

广告人有时把公关部门看做一个二等机构，他们认为只有在发生危机时或者最新的广告活动推出时公关才有作用。这就是目前整个行业的现状。

但实际上，对于今天的企业来说，公关是如此重要，以至于无法退居广告之后。在很多方面，两者的角色已经翻转了。公关应该是司机，引领并指导着营销大巴的走向。这正是本书的主题：广告的没落和公关的崛起。

广告已死，公关长存

但是到处都是广告，广告怎么会死？放眼望去，遍地广告。这就像绘画，尽管比从前任何时候都要流行，但它还是死了。

对绘画来说，它的"死亡"不是绘画技法的死亡，而是绘画表达现实这一功能的死亡。

路易·雅克·曼德·达盖尔（Louis-Jacques-Mande-Daguerre）发明银版照相术之后的时代可以被叫做"绘画的没落和照相的崛起"。同样，广告作为工具已经失去了建立品牌的功能，和今天的绘画一样，广告将作为艺术继续存在。

这并不代表广告不再具备价值。艺术的价值存在于欣赏者的眼睛里。它只是意味着当一个工具成为艺术之后，就失去了工具本身的功能，因此也失去了被客观评价的可能。

一根蜡烛的价值

如何衡量一根蜡烛的价值？你不能从发光角度来看，因为蜡烛已经失去了作为房间照明工具的功能。爱迪生发明了白炽灯泡之后的时代应该叫做"蜡烛的没落和灯泡的崛起"。

但是，每天晚上，整个美国有几百万根蜡烛被点燃。如果餐桌上缺少一根蜡烛，这顿晚餐就不是一次完整的、浪漫的晚餐。这样的蜡烛每根可以卖到 20 美元或 30 美元，比一个灯泡贵得多。和灯泡不同，这根蜡烛的价值和它能否照明无关。如同壁炉和帆船，蜡烛此时已经失去了它的功能，变成了艺术。

各种形式的艺术都有它狂热的捍卫者，他们会为每件艺术作品的价值大小争来争去，因为缺乏一个客观的标准来衡量它的价值。

一则广告的价值

广告同样如此。广告的捍卫者会以提升品牌资产、创建品牌价值、同顾客建立情感纽带或激发激励销售队伍等为理由来热情地保卫他们的作品。

在某种程度上，所有这些理由都是对的。但是由于广告是艺术，它无法被客观衡量。

广告失去了它的传播功能，广告的价值存在于 CEO、COO 或营销经理的眼里。会议室里悬挂的百万美元的名画在你眼里值多少钱？你用在画上的逻辑同样可以用在你公司的广告上。

我们的观点是：广告不值它的代价……除了一个例外。这是个大的例外。当广告服务于一个功能性的目的时，那它就有一个实在的价值。但那个功能性的目的是什么？

广告的目的不是建立一个品牌，而是一旦通过其他方式（主要是公关或第三方的认证）建立品牌后用来保卫这个品牌。

不要低估这个保卫功能的重要性。大多数公司花了太多钱试图用广告建立品牌（实际上它们应该把这些钱用在公关上），并且在它们建立品牌后花太少钱用广告保卫它们的品牌。

创建品牌和保卫品牌是营销规划的两个主要功能。公关创建品牌，广告保卫品牌。具有讽刺意义的是，广告人花了太多的钱和时间在创建品牌的阶段，以至于他们常常已经没有能力也没有意愿进行品牌维护工作。

创意的价值

创意，长久以来一直是广告界热衷谈论的时髦话题，情况又如何呢？根据通常的定义，创意是对新的和与众不同的东西的挖掘，强调的是要"新颖"。

但是"新的和与众不同的"不是维护品牌的方法。维护品牌，你需要"重复"品牌的核心价值，你得播放和顾客"共鸣"的广告，你得让顾客想到"对，那就是这个品牌代表的东西"。

事实上，创意是品牌进入消费者心智后最不需要的东西。

需要"创意"的是公关，需要"新的和与众不同的"是公关，需要"新颖"的是公关。建立品牌的最好方法是创建一个新品类，而创建一个新品类需要一个"大创意"，需要一个与传统思维截然不同的革命性的"创意"。

传统方法

大多数产品和服务按照以下四个阶段进行营销：

1. 公司开发一个新产品或服务。

2. 公司提炼出新产品或服务的一个显著的利益点。

3. 公司聘请广告公司用一个"火箭式"的广告活动推出新产品或服务。

4. 随着时间流逝，广告最终把新产品或服务打造成一个强有力的品牌。

这个过程的四个步骤在商业历史记录中享有标志性的地位：开发（development），研究（research），广告（advertising）和品牌建立（branding）。在理论上，这个四个步骤没有错误的地方，除了它那个不幸的缩写——DRAB（枯燥的意思）。

在实践上，这四个不同阶段当中有一个软弱无力的联系。营销的关键步骤是让品牌名称（和它代表的东西）进入顾客的心智，如果你不能在夺取顾客心智的战争中获胜，你就不能建立一个品牌。这个软弱无力的联系就是广告。

广告已经失去了把一个新品牌放入顾客心智的力量。广告对顾客而言没有可信度，顾客对广告信息的怀疑正在增加，并且无论何时，只要有可能，顾客都倾向于拒绝接受它的信息。

公关的方法

当然，有一些产品和服务已经进入了潜在顾客的心智并且成了大品牌。它们是如何做到的？

借助公关。

很多营销案例的成功都是公关的成功，而非广告的成功。来看几个例子：星巴克（Starbucks）、美体小铺（The Body Shop）、亚马逊（Amazon.com）、雅虎（Yahoo）、eBay、Palm、谷歌（Google）、Linux、PlayStation、哈利·波特（Harry Potter）、保妥适（Botox）、红牛（Red Bull）、微软（Microsoft）、英特尔（Intel）和黑莓（BlackBerry）。

对大多数主要品牌的历史进行更仔细的观察可以发现，这不是偶然的。实际上，有惊人数量的知名品牌根本没做广告就建立起来了。

安妮塔·罗迪克（Anita Roddick）没用广告就把美体小铺建成了一个全球品牌。她周游全球为她的自然化妆品寻找原料，她的寻找过程就为这个品牌带来了持续不断的公关宣传。

一直以来，星巴克都没有在广告上花费很多钱。在它成立最初的10年里，星巴克在美国的广告投入不超过1 000万美元，这个数字对一个今天年销售额达到13亿美元的公司来说是微不足道的。

沃尔玛（Wal-Mart）成了全球最大的零售商，销售额已经超过2 000亿美元，但广告很少。山姆俱乐部（Sam's Club）是沃尔玛的姐妹店，也几乎不做广告，但平均单店销售额达到5 600万美元。

在药品行业，万艾可（Viagra）、百忧解（Prozac）和万络（Vioxx）几乎不做广告就成了全球品牌。

在玩具行业，豆宝宝（Beanie Babies）、搔痒娃娃（Tickle Me Elmo）和宠物小精灵（Pokemon）几乎不做广告就成了非常成功的品牌。

在高科技行业，甲骨文（Oracle）、思科（Cisco）和思爱普（SAP）几乎不做广告就成了价值几十亿美元的公司。

我们也开始看到证明公关在推出品牌时的效果优于广告的研究。最近一项对91个新推出品牌的研究表明，非常成功的品牌比不成功的品牌更倾向于使用与公关相关的活动。这个研究是由Schneider & Associates和波士顿大学传播研究中心以及哈佛商学院营销学副教授苏姗·福尼尔（Susan Fournier）合作进行的，人们相信这是首例此种类型的研究。

该研究指出："我们发现，虽然公关的作用还没有被充分挖掘，但是一旦被启动，它的效果是非常显著的。"

虽然公关已经帮助很多品牌获得了成功，但还是有大量的公司认为营销不关公关什么事。

营销意味着广告

对很多公司的管理者来说，营销等同于广告而不是公关，这个是事实。旧的规则是"大量营销需要大量传播，这需要大量的广告"。当有人提到一个营销规划时，管理者通常第一个想到的是"我们会在哪里做广告？我们的广告预算有多少？"

如果你走进一家书店，比如巴诺书店（Barnes & Noble）⊖，你会在"营销和广告"专区找到广告书籍。实际上，这个专区放满了广告类的图书。毕竟，营销部门的三要功能被认为是广告宣传。

不要指望在任何书店里发现一个"营销和公关"的专区。如果你能找到的话，公关类图书也是被埋没在"营销和广告"专区的广告图书之中的。

公司的观念和书店的观念是相似的。大多数公司的重点在广告上，如果公关被考虑到的话，它也被认为是二等部门。

营销意味着广告。每个人都知道广告意味着什么。

广告意味着大量的钱

当一个公司考虑推出新品牌时，尤其如此。一个"做广告或不做广告"的决定常常以推出品牌的广告成本为参考。当在美国市场为一个新

⊖ 美国最大的连锁书店。——译者注

的消费品品牌做一个全国性的一般强度的广告活动都需要 5 000 万美元时，这些决定就不会被轻易做出。

"它是个好想法，"很多客户告诉我们，"但是我们承受不起推出品牌的费用。"他们被在媒体上看到的下列故事洗脑了：

- 百事可乐花了 1 亿美元推出"百事一号"（Pepsi One）。
- 安达信咨询公司（Anderson Consulting）花了 1.5 亿美元推出它的新名字"Accenture"。
- 贝尔亚特兰大（Bell Atlantic）花了 1.4 亿美元推出它的新名字"Verizon"。
- 贝尔南方电信公司（Bell South Mobility）花了 1 亿美元推出它的新名字"Cingular"。

在我们这个过度传播的社会中，推出一个新品牌的成本被认为和畸齿矫正属于一个品类，它是个非常昂贵的建议，但有望通过品牌延伸来解决。这就是美国到处是延伸品牌而急需新品牌的原因。

比如说，超市的新商品中 10 个有 9 个是品牌线延伸产品而不是新品牌产品。药店、百货商店和所有类型零售店的情况也是一样的。

把新品牌的推出等同于广告是个严重的营销误区。广告缺乏新品牌开始起步所需的一个关键要素。

广告缺乏可信度

人们为何要关注一个他们从来没有听说过的品牌呢？这种信息的可信度在哪里？

如果有人打电话给你说，"你不认识我，你不知道我的产品，你不知道我的公司，但是我想和你约个时间向你推销某样东西"，你会马上挂断电话。

但是，如果有人打电话给你说，"你是萨克斯第五大道精品百货商店（Saks Fifth Avenue）[⊖]的顾客，萨克斯（Saks）将举行一个鸡尾酒会推出一系列新的服装"，你可能会被吸引参加。萨克斯第五大道精品百货商店在你的心智中有可信度，它是一个你知道的名字。

公关提供一种信任资质，这种资质为广告创造可信度。一个新产品在你的心智中有一定信任度之前，你不会注意它的广告。

如果你想成功地建立一个品牌，必须恰当地管理公关和广告。通常的规则是，在主要的公关可能性没有充分利用之前不要做广告。

公关第一，广告第二

广告无法建立品牌，而公关能够建立品牌。广告只能维护已经通过公关建立的品牌。

事实是，广告不能点燃火焰，它只能在点着火以后煽风。要在毫无基础的情况下得到一些东西，你需要只有第三方认证才能提供的有效性。任何新营销活动的第一步应该是公关。

战争和营销有许多相似之处。那些在今天的战场上仍然使用过去武器的军事将领，和应该用公关却在用广告来打今天营销战的营销将领没有什么不同。

昨天它是地面装甲部队，今天它是空中飞行部队。昨天它是广告，今天它是公关。公关在大多数新产品上市时担当了主要角色。

客户正在向谁咨询战略问题呢？越来越多的情况是，他们不愿去问为他们服务的广告公司，因为他们知道会得到什么样的建议。所以，他们宁愿不要这个帮助而是自己做，或者邀请像我们这样的顾问和他们一起解决包括公关在内的营销战略问题。

有一天，客户会寻求公关公司帮助他们为品牌制定战略方向，而广

告将被迫接受公关的领导。

有一天，你可以期待公关行业的爆炸性增长，同时你也会期待在公司的内部和外部发现对公关新的尊敬。

有一天，你可以期待听到广告行业痛苦的呻吟，并且这不仅仅是钱的问题。对广告公司老板来说，甚至更重要的是，可能会失去他们作为企业的营销合伙人的传统角色。

营销已经步入了公关时代。

THE FALL OF
ADVERTISING
& THE RISE OF PR

第 1 章

广告的没落
The Fall of Advertsing

广告和汽车推销员

前不久，纽约有四个护士在汽车旅馆四楼的停车场不幸身亡。所有的纽约报纸都报道了这个事件，还上了《纽约邮报》（*New York Post*）头版。1 600 名哀悼者参加了在圣派区克大教堂举行的葬礼，纽约市长朱里亚尼（Giuliani）也专门为此致辞。报纸上大幅标题写着："天使高飞，1 600 人送行"。

护士是护士，做广告的是做广告的，他们不可能受到同样的待遇——无论活着的时候还是死去以后。如果四个广告从业者中午喝了三瓶马爹利之后从布鲁克林大桥坠车身亡，媒体会截然不同地对待这个事件，"广告贩子开着本田进了地狱"。

面对现实吧。最近盖洛普（Gallop）对 32 个职业进行了关于诚实和道德的民意调查，广告和广告从业者排在接近最后的位置，刚好在保险推销员和汽车销售员之间。图 1-1 简要列出了被调查者认为各个职业有关诚实的回答比例。

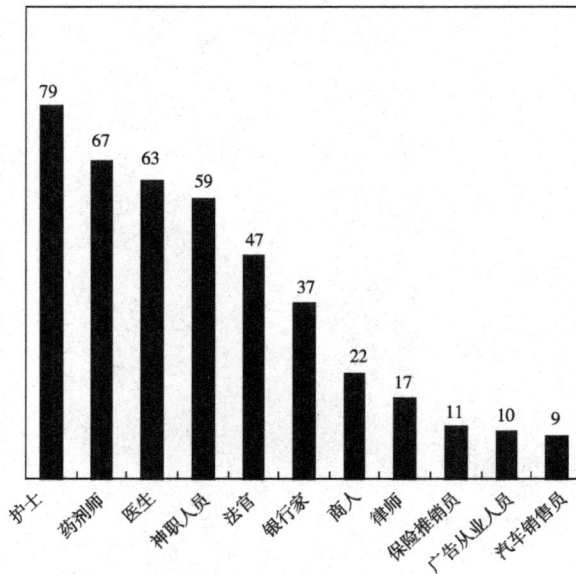

图 1-1　公众对诚实的认知

如果你不相信保险推销员或汽车销售员告诉你的话，你如何能相信在一则广告中看到的东西？这几个来源有同等程度的可信度。

广告不只存在一个外部公众认知的问题，而且它还存在一个行业内部认知的问题。

广告在内部的问题

"你们的广告代理公司提出了什么战略？"我们最近问一个大客户的 CEO。

"我们从来不问我们的广告代理公司怎么做，"他回答，"我们告诉他们做什么。"

广告时代结束了。今天客户很少让他们的广告代理公司帮助他们制定非常重要的战略决策。广告代理公司曾经是一个营销伙伴关系，但现在已经退化成客户和供应商关系（Patrick 营销集团对高级营销经理的一个研究发现，被采访的人中只有3%承认把建立品牌的责任委托给他们的广告代理公司）。

美国广告协会最近对1 800个企业主管的研究表明：公关比广告受到更高重视。这些主管被要求回答哪个部门对他们公司的成功最重要。这里是结果：

- 产品开发部门：29%；
- 战略规划部门：27%；
- 公关部门：16%；
- 研发部门：14%；
- 财务战略部门：14%；
- 广告部门：10%；
- 法律部门：3%。

在美国广告协会的调研中，只有法律部门排在广告部门后面。广告可能占据了公司预算的很大一部分，但是在管理层的心目中，它的地位已经严重退化了。

那么为了应对广告部门得分低的情况，美国广告协会做了什么呢？它们的做法像很多公司发现自己处于困境时所做的那样，推出了一个大的广告活动，以改善广告在商业界的认知，主题："广告，成就伟大品牌"。

但是如果你相信产品、战略、公关、研发和财务对一个公司的成功比广告更重要（这是那个调研表明的结果），那么你怎么能相信广告胆大妄为地称自己是"成就伟大品牌的途径"呢？

这是一个典型的认知失调的例子。你不能在认为广告不太重要的同时相信一个声称广告能建立伟大品牌的广告。当然，除非你认为伟大品牌是不重要的。这表明美国广告协会现在有两个问题：广告和品牌。

任何广告项目最大的问题是可信度。一条广告信息对普通人来说有极小的可信度。消费者认知中的广告和广告的实质是一样的——广告是一条和实际有偏差的信息，它由一个从消费者的消费中获利的公司买单。

广告的黄金时代

事情并非一直如此。第二次世界大战以后，广告曾经是美国公司中崛起的新星。在宝洁（P & G）、好时（Hershey's）、可口可乐、金宝汤（Campbell's）和其他许多消费品公司里，广告人可是主角。

好莱坞甚至拍摄了以广告人为主角的电影，由克拉克·盖博（Clark Gable）和黛博拉·蔻儿（Deborah Kerr）出演的《广告员》是一个有名的例子。还有，由格利高利·派克（Gregory Peck）出演的《穿灰色法兰绒大衣的男人》（人们以为任何穿法兰绒大衣的人都是在广告公司工作，但是派克其实扮演了一个公关人的角色）。

由于第二次世界大战后电视的出现，广告量呈爆炸式增长。1972年，人均广告花费已经是110美元。而今天，这个数字已经变成865美元。

我们确实生活在一个传播过度的社会，并且它看起来一点也没有清静下来的可能（考虑到通货膨胀因素，1972年的110美元大概相当于今天的465美元）。

当几乎所有东西的数量都开始漫无边际的飞涨之时，会发生什么情况？

数量上升，效果下降

广告量的上升对应着广告效果的下降。每一项对广告效果的研究都得出同样的结论：在一个给定的媒体中，广告越多，单个广告的效果越低。

一本薄的杂志里的广告，比在一本厚的同样杂志中的广告通常会被更多的人看到和读到。在有较少商业广告的电视上播出的一条商业广告，比在有很多商业广告的电视上播出的商业广告更引人注意。

不仅是广告量上升了，广告费用上涨得更快。比如，在1972年美式橄榄球超级杯总决赛电视转播中的一则30秒商业广告的价格是86 000美元，观众是56 640 000人，平均千人成本是1.52美元。

2001年，超级杯总决赛电视转播中的一则30秒商业广告的价格达到210万美元，观众是83 465 000人，平均千人成本是23.74美元，是1972年的16倍（公平起见，如果你计入通货膨胀，今天的成本是1972年的3.7倍。即使这样，在30年里增长270%也是一个大的增长）。

除了媒体成本，制作成本同样不便宜。根据美国广告代理商协会的统计，现在制作一则30秒电视广告的平均成本是343 000美元。

有些行业甚至更贵。制作一条 30 秒软饮料或快餐的电视广告的成本是 530 000 美元，服装和服饰广告的平均成本则上升到 1 053 000 美元。

如果你研究所有媒体的广告费用，你会发现两个趋势：投放量上升，效果降低；制作成本上升，效果降低。

综合来看，这两个趋势已经使广告成为一个影响顾客和潜在顾客的昂贵和困难的途径。（如果你意识到了你的公司在广告上的花费很多却回报很少，你可能是对的。）

广告是个异常现象

大多数产品和服务朝着与此相反的方向发展。随着时间流逝，价格通常下降。

把通过电话沟通和通过广告沟通做个对比。回到 1972 年，MCI 公司刚刚获准进入长话市场时，打一个美国电报电话公司（AT&T）长途电话的平均费用是每分钟 20 美分左右，今天的平均费用是每分钟 7 美分甚至更少。

同样的现象发生在航空、快餐、软饮料、电子产品和成百上千的产品和服务上。随着时间的推进、竞争的发展，公司也学会了如何降低成本，价格（考虑通货膨胀调整后的）趋向降低。

在 1990 年，美国只有 500 万人使用手机，他们平均每月账单金额是 81 美元。今天，1.1 亿人使用手机，他们平均每月账单金额是 45 美元。

仅仅 5 年时间，数码相机的平均价格从 560 美元降到了 370 美元，同时相机的像素值却增长了几十倍。

不断降价的最好例子可能就是电脑了。你今天花 1 000 美元购买的个人电脑比你 30 年前能买到的价值百万的大型主机电脑的功能还要强大得多。

广告投放量持续上升

但是更高的价格和更低的效果并没有减少广告的投放量，多年来广告费用的增长速度都超过 GDP 的增长速度。

在 1997 年，美国广告费用比上一年上升了 7%。1998 年这个数字是 8%，1999 年是 10%，2000 年是 10%。由于"9·11"事件，2001 年是个例外，广告费用下降了 6%，这仅是过去 40 年里第二次发生广告费用下降的情况。

现在美国每年的广告费用是 2 440 亿美元，占 GDP 的 2.5%。葡萄牙、匈牙利、希腊和捷克共和国已经在广告上花费了比这更大比例的 GDP。但是，美国现在还是占到了全球总广告费用的 44%。

每天 237 条信息

平均一个人每天接触多少条广告信息？很多传播专家已经尝试去回答这个问题，他们估计最高达到每天 5 000 条。

但是一条信息是什么？它是一本小型杂志还是一个 30 秒的电视广告？ 你如何比较一页在一个消费者面前停留半秒钟的报纸（可能有 30 条广告信息）和一条 30 秒的电视广告呢？这是不是意味着同时看到两样东西的人接触到了 31 条广告信息呢？

有一个估计每天人均广告消费量的更好方法，一年 2 440 亿美元的广告花费就是每人每天 2.37 美元。

对大多数人来说，广告就意味着电视广告。一个 30 秒电视广告的平均成本是每千人 10 美元，即每人 1 美分。因此，平均每个人每天接触到 237 个 30 秒的电视广告（或者其他媒体的等价物），即每年 86 500 个 30 秒的电视广告。

237 个 30 秒电视广告的数量可不算少。这像是观看一部仅有广告而没有任何其他东西的电影的长度。当然，"人均"包括了从婴儿到养老院居民的每个人。一个高收入、年富力强的人可能接触到比这多四五倍的广告量。

墙纸效应

当广告量上升后，广告信息成了墙纸，广告从清早到深夜都伴随着我们。不仅是广告量的上升带来广告效果的下降，更重要的是广告信息的种类也在飞速的增长。比如，总部在纽约的市场研究公司 CRM 现在就跟踪着 90 万个不同品牌的广告投入。

投放量和种类飞速增长的结果是让我们趋于排斥所有的广告信息。只有当一则广告不同寻常时，我们才会注意它。

仅仅因为一个物体大并不一定意味着每个人都会关注它。一个典型的起居室可能有 400 平方英尺的墙纸，相当于 190 页《纽约时报》版面。但是你能在他人的起居室里待上几个小时却回忆不起墙纸的任何一个细节（如果你家里有墙纸，上次有客人走进来说："哇！多么有趣的壁纸。"是在什么时候）。你面对 190 页《纽约时报》的广告的结果也是一样，你想不起 400 平方英尺⊖广告的任何一个细节。

你知道罗莎丽奥·马林（Rosario Marin）是谁吗？马里·埃伦·威思罗（Mary Ellen Withrow）怎样了？你不知道？这很奇怪，因为你天天在你的钞票正面左侧看到这些名字。马里·埃伦·威思罗是克林顿执政时的美国财政部长；罗莎丽奥·马林是布什执政时的美国财政部长。钱就像墙纸，除了角上的大数字，你几乎不会注意纸币上印着其他什么。

通常来说，广告是你训练自己去避开的东西。如果你阅读所有的广告，你就没有时间做其他事情了。

有一些例外。卫生间堵塞了，你在黄页上寻找管道工；要搬到郊区去，你在分类广告中寻找新房子；要去约会，你在周末专栏上检查

⊖　1 平方英尺 =0.092 903 04 平方米。

电影播放时间。

除了这些例外，可能所有广告的90%归入"通常"的行列。换句话说，广告是设计出来激发你购买一个特定品牌的。这确实是个艰巨的任务。普通消费者认为，他为了决定买哪个品牌，已经对品牌了解够多了。

片面的信息

更重要的是，普通消费者觉得广告提供的信息是片面的。它没有说出整个故事，没有提出替代选择，并且常常是误导的。难怪在公众对诚实的认知调查中，广告从业人员仅仅比汽车推销员高一级。

谁在愚弄谁？"我们的产品比市场上的任何其他产品含有更多维生素、更多矿物质、更多蛋白质。"当然，多1/100而已。

"我们的卡车有最长的轴距、最长的车厢，并且是行业里最宽的货车。"当然，多一英寸长，多一英寸宽而已。

接着，是一直流行的"无与伦比"的声明，"没有任何电池比金霸王更耐用。"言下之意是：它们都是一样的。

多年前，那时没有广告或广告很少，任何广告都有效，广告被广泛阅读和讨论。人们期望在《生活》（*Life*）杂志上阅读四色广告或者在 Texaco Star Theater [⊖]观看电视广告。

但是你不能生活在过去。广告不再新鲜和令人激动，它实在是太多了。广告已经搬到佛罗里达，并进入退休年龄了。

今天，广告总投放量和人均投放量比过去不断增多的情况下，广告的效果为什么却越来越差？一个传播工具怎么会既处于最流行期却同时正在被淘汰呢？

历史提供答案。当一个传播工具失去了功能性的目的之后，就转变成了一种艺术形式。

⊖ 1950年全美年度收视冠军节目。——译者注

广告和艺术

印刷时代之前，诗歌的作用是把故事从一代人传给另一代人。记住一个诗歌故事并转述给别人，比记住并转述一个散文故事容易得多。荷马（Homer）用诗歌撰写了他的巨著《伊利亚特》（*Iliad*）和《奥德赛》（*Odyssey*）。

今天，诗歌可能和荷马时代同样流行。区别在于，今天诗歌是一种艺术形式，它的交流功能已经丧失。而且，大多数作者使用散文而非诗歌传递信息，因为印刷书籍让文字能很容易地传给下一代。

把绘画转变成艺术

照相时代之前，绘画被用来在一个国家里传播国王和王后、王子和公主的长相，它让下一代人知道前人的相貌。伦勃朗（Rembrandt）、鲁本斯（Rubens）、拉斐尔（Raphael）、米开朗基罗（Michelangelo）、达·芬奇（Leonardo da Vinci）和其他著名的艺术家同样以现实主义风格绘画。

[现在艺术世界被戴维·霍克尼（David Hockney）的理论震动了，他的理论认为即使从前的大师，也在使用光学设备帮助他们绘出逼真的图像，而且这种做法可以一直追溯到 15 世纪 30 年代。]

今天绘画和伦勃朗时代一样流行。只是今天的绘画是一种艺术形式，它几乎脱离了现实。照相渐渐担当了图像传播的角色。绘画变得抽象，成了艺术。

[你不大可能把一个相片倒过来挂，但是纽约现代艺术博物馆的人把马蒂斯（Matisse）的画 *Le Bateau* 倒过来挂了 47 天都没人发现。]

夸张的价格是说明一门学科成为一种艺术形式的标志之一。当你的曾祖父让当地艺术家给他画像以留给后代时，他可能是按小时以普通价格付费的。现在那幅绘画是一个艺术品，它值多少钱？

10 年前，梵·高（Vincent van Gogh）画的《加歇医生画像》（*Portrait of Dr. Gachet*）被一个日本买家以 8 250 万美元买走。如果加歇医生想让他的后人知道他的相貌，他可以照张相，能给这个日本客人省下相当多的钱。

艺术没有功能，因此艺术的价值没有限制。艺术的价值就是某人愿意付的价格。有趣的是，这个价格主要是由一幅画在媒体中获得的知名度来衡量的，而不是看苏富比（Sotheby's）或佳士得（Christie's）为此投放了多少广告。

雕塑起初被用来创作宗教崇拜中的圣像和神。今天大多数人已不再信奉石头、铜或木头的神，雕塑成了一种艺术。今天美国的任何一个公园里到处都是石头、铜或者木头材质的雕像，但是没有人朝拜它们，现在雕塑是艺术。

把广告转变成艺术

像诗歌、绘画和雕塑那样，广告也在走相同的路。马歇尔·麦克卢汉（Marshall Mcluhan）说："广告是 20 世纪最伟大的艺术形式。"

无论是麦克卢汉那样的理论家，还是那些从事着具体广告工作的高级广告人，都把广告和艺术联系起来。马克·芬斯克（Mark Fenske）是一名备受尊敬的广告文案高手，他凭借为耐克和其他品牌撰写的广告文案而闻名。他说："广告可能是地球上最有力量的艺术形式。"广告界传奇人物乔治·路易斯（George Lois）给他的巨著起名为《广告的艺术》（*The Art of advertising: George Lois on Mass Communications*）。

全球任何一个大的博物馆都有永久收藏的广告作品。绝对伏特加（Absolut Vodka）的海报被装上边框像画一样挂在墙上；史密森博物馆

（Smithsonian）正在组织宝洁公司象牙（Ivory）香皂的一个广告展；可口可乐的广告被美国国会图书馆收藏；现代艺术博物馆则收藏了一系列的电视广告。

很多电视台会把一系列的电视商业广告组合起来当做节目播放。哥伦比亚广播公司（CBS）有"超级杯最杰出广告精选"节目；美国广播公司（ABC）有"你从没看过的最好的商业广告"（有些你看过了）节目；美国公共广播公司（PBS）有"超级商业广告：精神工程特集"节目。

走进世界上任何一家大广告公司的办公室，看看它们的墙壁，你可能会认为你是在一个艺术博物馆——每面墙上都挂着装裱在令人印象深刻的高级纸张上并配有昂贵边框的广告。

等一下，你可能会想，广告公司就是要展示它们的作品。可能是这样，但是律师不会把他们最好的总结陈词的副本装上边框挂在墙上，医生也不会展示他们最优秀的手术图片。我们从来没有看到过广告公司（我们已经拜访了很多公司），把它们的某一个客户的销售图表装上边框挂起来。

无论如何，广告的功能是什么？问每一个广告文案或美术指导，它是为了让客户的销售增长 10%，还是为了在戛纳赢取一个金狮？如果是诚实的，他们通常会承认是为了金狮。

把广告等同于艺术有什么错？有很多错，最根本的错在于广告创作者更多关注后人会如何看待这个作品，而不是目标顾客会如何看待这个品牌。

同样，越来越多的顾客把广告视为一种艺术而不是一个传播工具。某人对你说"昨晚我看到一则电视广告，我差点笑趴在地板上"的频率低吗？

但当你问他们广告中产品的名称是什么时，他们回答"我记得起来"的频率高吗？即使某些人确实记得广告产品的名称，但如果你继续问他们是否会购买这个产品时，他们通常看上去像受到了伤害。

人们就像阅读小说或看电视节目那样看待广告。他们沉醉于角色、场景和情节，却没有一丁点采取行动购买产品的冲动。这真是艺术。[有些人认为在一些公司，比如安然（Enron），会计也成了一种艺术]

把军事转变成艺术

我们身边，走在从功能到艺术的道路上的东西一点儿也不少，哪怕像一个典型的军事功能——守卫换班。

我服兵役期间曾被派驻朝鲜战场，清晨两点的守卫换班是一个简单仪式，大概只要 20 秒。

"有情况吗，阿尔？"
"没有，就是这儿比其他地方冷。"
"换班了，你去睡吧。"

在白金汉宫，守卫换班是一个精致的仪式，要 20 分钟左右。问题是，守卫在守护什么？

什么都没有。在白金汉宫，守卫换班已成了一种艺术形式。

步枪发明之前，剑是一种重要的战争武器。剑在战争中不再发挥功能，到现在也已经几个世纪了。

剑消失了吗？完全没有。在美国南北战争中，每个军官都带着一把剑。在阿波马托克斯（Appomattox）的法院，李（Lee）把他的剑交给了格兰特（Grant），来象征投降。即使在今天，西点军校每个未来的军官也都有他自己的剑。剑丧失了它的功能，成了一种艺术形式。

你可以凭它在日常语言中的广泛使用认识到它是一种艺术。虽然剑在当今社会中没有功能，但是它还存在于我们的语言中。没人会说，

"生于枪下，死于枪下。" ⊖

把马转变成艺术

汽车时代到来之前，马是主要的交通工具。汽车发明后，马消失了吗？完全没有。今天美国的马比以前更多，但不再是纯粹的运输工具。今天有的是马术比赛、跳马表演和骑马度假。马丧失了它的功能成了一种艺术形式。

超过700万的美国人从事与马相关的行业，这个行业每年有1 120亿美元的生意。这比美国的铁路生意还大，而铁路正在发挥交通运输的功能。

效仿绘画艺术

广告人最认同的艺术是绘画。广告艺术指导（他们实际上是"设计"或"视觉"指导）在他们的很多广告片中仿效了绘画领域的趋势。

- 简约主义（Minimalism）。大多数时尚广告使用这个由马克·罗思科（Mark Rothko）开创的艺术方法。在《纽约时报》上有一个整整8页的四色插页广告，整个广告中只用了两个词；在第一页上是"诺帝卡"（Nautica），第八页上是"诺帝卡"。

- 流行艺术（Pop art）。很多酒类广告仿效了这个方法。这些只画着瓶子和玻璃杯的广告让顾客回忆起安迪·沃霍尔（Andy Warhol）的宝金汤（Campbell's）罐头和布里洛（Brillo）盒子。实际上，绝对伏特加最有名的广告之一是由沃霍尔制作的。

- 抽象表现主义（Abstract Expressionism）。很多超市和二手车市场的广告几乎和威廉·德·库宁（Willem de Kooning）的油

⊖ 美语中有一句话是"生于剑下，死于剑下。"——译者注

画一样杂乱，显然它们是要建立什么都在打折的印象。

- 超现实主义（Surrealism）。很多高科技广告抄袭萨尔瓦多·达利（Salvador Dali）的方法。微软XP的广告就是一个典型的例子。

- 煽情主义（Sensationalism）。很多广告片模仿达米安·赫斯特（Damien Hurst）的作品，这个英国艺术家的著名行为之一是当众把一头猪切成两半。2001年亚特兰大爱迪奖（Atlanta Addy Awards）的参赛人员没有手册，就是一张画，画上是一个跟在一只导盲犬后面的盲人以及一个标签"爱迪法官"。

变得出名

在艺术中塑造品牌和在营销中塑造品牌遵循同样的原理。你通过成为一个新品类的第一而成为一个著名的艺术家（或著名产品）。随着时间的流逝，艺术评论家给这个新品类起一个名字并且把它和开创这个品类的画家联系起来。比如说，煽情主义和达米安·赫斯特。还有一些更多的例子：

- 印象派（Impressionism）——莫奈（Claude Monet）；

- 点画派（Pointillism）——乔治·修拉（Georges Seurat）；

- 表现主义（Expressionism）——文森特·梵·高（Vincent van Gogh）；

- 景泰蓝主义（Cloisonnism）——保罗·高更（Paul Gauguin）；

- 原始派（Native painting）——亨利·卢梭（Henri Rousseau）；

- 野兽派（Fauvism）——亨利·马蒂斯（Henri Matisse）；

- 立体主义（Cubism）——毕加索（Pablo Picasso）；

- 风格派或新造型主义（De Stijl or Neoplasticism）——蒙德里安（Piet Mondrian）；

- 行动绘画（Action Painting）——杰克逊·波洛克（Jackson Pollock）；
- 动态艺术（Kinetic Art）——亚历山大·考尔德（Alexander Calder）；

一个艺术家不能靠模仿毕加索的绘画风格而出名，一辆汽车不能靠模仿保时捷的设计风格而畅销，每个都应是新颖的，每个都应是有"创意"的。

"创意"已经成了营销界中使用过度但理解不足的一个词语。

广告和创意

如果你曾经在广告公司工作过（像我们这样），你就知道这种组织里使用过度的一个词语是"创意"。

那里有创意部门、创意总监、创意方法、创意战略和创意平台。如果某个东西没有创意，就会产生这种想法：它不是一则广告或不属于一个广告公司。

那么创意到底是什么？根据字典和这个词的通常用法，创意是制造新颖而独特的某种原创东西。

但是，如果"陈旧而相似"的东西比"新颖而独特"的东西更有效，该怎么办呢？没关系，"陈旧而相似"不能用，因为它们没有创意。创意，是广告公司赖以获得报酬的根本，不是吗？

产品和创意

相对于广告，创意不是应该属于产品而非广告吗？建立品牌的本质应该是创建一种认知，即品牌是某个新品类的第一，而非这个品牌的广告是某种突破性的广告。

如果你认为这个广告很好但产品普通，你会购买这个产品吗？如果你认为这个广告普通但产品很好，你是否更有可能购买这个产品？

还有，大多数人认为广告本身无关紧要，它仅仅是为了看电视和听收音机而要忍受的东西，或者是为了找到报纸或杂志上真正要读的内容而翻过的东西。

广告公司通过聚焦创意把营销设想成一个广告战而不是产品战。广告公司想要赢取广告战，因为它意味着报酬、媒体认同和新业务。

麦迪逊大道的动物园

像艺术家寻求欣赏者的认同一样，广告人总是追逐最新的创意风潮。几年前，动物广告在麦迪逊大道盛行。首批袭击动物园的广告主之一是劲量（Energizer）电池，它用了兔子。

动物游行开始了。可口可乐用了北极熊；百威先后用过蚂蚁、青蛙、雪貂、海狸，最后是蜥蜴；百威的姐妹品牌百威冰啤（Bud Ice）也要出去寻找自己的代言人，所以它们问自己，谁最有可能喝冰啤？你猜到了，是企鹅。所以百威冰啤用了企鹅。

邮政服务（Postal Service）用鹰，美林（Merrill Lynch）用公牛，塔可钟（Taco Bell）用吉娃娃狗，好事达（Allstate）用鹿，德雷弗斯（Dreyfus）用狮子，雅虎（Yahoo）用海豚，美旅（American Tourister）用大猩猩，E-Trade 用黑猩猩，乐至家具（La-Z-Boy）用浣熊，凯迪拉克（Cadillac）用鸭子，陆虎（Range Rover）用大象，宝马（BMW）用乌龟。乌龟？超级驾驶机器是乌龟？最快速度，每天两英里⊖。

最近土星（Saturn）VUE 的运动休闲车（SUV）的一个广告成功地挤进了 23 种不同的动物。

广告中展示动物是好是坏？就像营销中的其他问题那样，正确的答案总是：视情况而定。

⊖　1 英里 =1609.344 米。

这全看你在推广什么。如果你在推广一个动物园，动物可能是个好主意；如果你在推广一辆汽车，就可能不是。

但是有创意的头脑不是这么想的。如果没有其他人用过动物推销汽车，那么动物可能就是一个好主意。还有，为了做到真正有创意，这个汽车广告必须使用一个其他行业都没用过的动物。所以乌龟出现在宝马广告中。

动物游行可能会继续。地球上有超过 4 000 种哺乳动物可以用，从体重 0.07 盎司⊖的鼩鼱到体重 140 吨的鲸鱼。当然，鲸鱼被太平洋人寿（Pacific Life）用掉了。但是如果你感兴趣的话，鼩鼱还是可以利用的。

搜寻新颖和独特

在雷诺汽车（Renault）试图推进道芬（Dauphine）作为大众甲壳虫的替代品时，艾为它提供了咨询。创意总监展示了设计：在《生活》杂志整版的白色空间上放一张一平方英寸⊜的汽车照片。

"所有的汽车广告，"创意总监说，"都使用汽车的大照片，我们要与众不同，用小照片。"这是创意头脑起作用了。

"对，"艾回答，"但是道芬外观很好看，而甲壳虫却很难看。这是我们拥有的唯一优势。我们不需要一张大照片去证明这个优势吗？"

创意赢得了这场战争，就像以前一样，广告按原计划推出了。开始，销售情况和汽车图片的尺寸是匹配的；之后不久，道芬从市场上消失了。

广告人为了保持他们的创意，经常到其他行业去寻找新颖和不同的概念。他们去艺术博物馆和电影院，总是在搜寻独一无二和不同的

⊖　1 盎司≈28.35 克。
⊜　1 平方英寸 =6.4516 平方厘米。

东西。

广告人发现电影是很好的灵感来源。广告公司常常聘用电影制片人，比如斯派克·李（Spike Lee）、伍迪·艾伦（Woody Allen）、戴维·林奇（David Lynch）、埃罗尔·莫里斯（Errol Morris）、科恩（Coen）兄弟和盖·里奇（Guy Ritchie）制作电视广告。当广告公司的创意总监想进入上一层的生活时，他们[斯派克·琼斯（Spike Jonze）、迈克尔·贝（Michael Bay）、戴维·芬彻（David Fincher）、塔西姆·辛（Tarsem Singh）以及其他人]常常到好莱坞去制作电影。

实际上，电影业自身也想成为一种艺术形式。一部"艺术电影"，从定义来看，几乎就是一部没人会去看或有几个人确实看过但又不明白它在说什么的电影。

日产汽车的"玩具"广告

很多电视广告借用了电影业的概念。记得几年前用芭比、Ken 和 GI Joe 这样的玩具娃娃演唱范·海伦（Van Halen）《你真的得到我》（*You Really Got Me*）歌曲的那个日产汽车（Nissan）的"玩具"广告吗？

这是典型的创意广告的方法：（1）所有的汽车广告都用照片，所以我们用动画；（2）所有的汽车广告都用真车，所以我们将用玩具汽车；（3）所有的汽车广告都用真人，所以我们用玩具娃娃。

李·克洛（Lee Clow）是广告界赫赫有名的创意总监，也是日产汽车广告的策划者，他对'创意'的定义概括为"永远地改变一个行业的规则"。

这样的创意确实在某些群体中得分很高。这个广告被《今日美国》（*USA Today*）、《时代》（*Time*）、滚石（Rolling Stone）、国际汽车展和其他评论主体列为当年最佳广告。《广告周刊》（*Adweek*）把日产汽车广告称为"1996年被谈论最多的广告"。

创意赢得了奖杯,但是它同时赢得了销量吗?事实让人气馁。下面是日产汽车的玩具广告推出那年,日产和它的竞争对手的销售表现:丰田销量上升了7%,本田销量上升了6%,整个行业上升了3%;而日产销量下降了3%。

《华尔街日报》封面故事的标题是"日产广告到处引人注目,展厅例外"。日产公司也引人注目。美国日产汽车公司裁掉了450个白领工作岗位,占整体白领员工人数的18%。日产美国总裁"迫于压力"离开,转到共和工业公司(Republic Industries)任职去了。

与此同时,日产的广告公司也离开了,但它的创意声誉未受损伤。无法置信,今天旧事重提,他们依然不为这个广告表示歉意。克劳驳回了对日产广告没有效果的抱怨,他傲慢地说:"我不设计汽车。"(克劳先生,你也没帮助日产卖车。)

这就像一个律师说:"如果我的当事人输了官司,我不会在意,关键是我的辩护词很精彩。"

布鲁斯·威利斯的方法

广告从业者有"聪明人"的名声。如果今天好莱坞重新拍摄《广告员》,电影中的主角,毫无疑问该由布鲁斯·威利斯(Bruce Willis)来扮演。

一个典型的 Knob Creek 波旁酒的印刷广告上是:"父亲把汉普顿的房子和马厩留给约翰,把他的最后一箱 Knob Creek 留给了我。"接着是一句妙语:"父亲一向不太喜欢约翰。"

在广告里,约翰得到了汉普顿的房子和马厩。在现实世界中,约翰会惹上麻烦的遗产官司。

下面是一些汽车行业的"聪明人"最近所做广告的标题:

- "你很少能在同一句话中使用'机灵'和'强悍'这两个词。"雪佛兰雪崩（Chevy Avalanche）。

- "可能导致渴望使用油门。"日产 Altima。（你很少能在同一句话中使用"渴望"和"油门"这两个词。）

- "车库门关上时，你会对自己说：'哦，那很有趣'。"林肯 LS。

- "它像是恐怖电影中的怪物，总是会更凶恶更强壮地返回。"本田 CR-V。

- "更高而非更硬。"大众帕萨特。

- "这就像是鹅肝卖奶酪三明治的价格。"现代。

- "你接下来将会知道，他们在干果中加了鱼子酱。"吉普大切诺基。

- "它就像豆腐王国中大而肥还多汁的奶酪三明治。"道奇杜兰戈（Durango）。

- "我们不得不让这个介绍短一点儿——CR-V 本周末有安排。"本田 CR-V。

- "我们无意让其他卡车感到可怜和不足，但是事情就这么发生了。"雪佛兰"雪崩"。

- "AVS.AHC.VSC. 一个确实糟糕的把手还是一个确实很好的悬挂？"雷克萨斯 LX 470。

- "可能年轻之泉根本不是泉"奥迪 A4。

- "把它看成是一个 4 000 英镑的守护天使。"吉普大切诺基。

- "我们的 270 马力①的引擎可以打败你的……等一等你没有 270 马力的引擎。"雪佛兰 Trail Blazer。

- "你喜欢哪种风格的按摩：瑞典式、指压式、自然疗法式，还是雷克萨斯？"雷克萨斯 LS 430。

- "在汽车座椅上能获得的最大乐趣。"现代 Tiburon GTV6。

---

① 1 马力 =735.449 瓦。

- "这超出了路面飞驰的感觉，这是撞击一样的高潮。"讴歌 RSX Type-S。
- "第一辆被其标价侮辱的汽车。"三菱蓝瑟。
- "它的性能属于黑带级别。"日产 SE-R Spec V。
- "它藐视一切，包括对它的描述。"凯迪拉克 Escalade EXT。
- "上百万的人兴高采烈地开着令人厌烦的车。是什么让你如此不同寻常？"雪佛兰 Impala LS。
- "你是沧海一粟，你也可以是一个具有强劲动力的沧海一粟。"雪佛兰 Tahoe。
- "更大、更宽、更豪华，都是废话，废话，废话。不说废话。"雪佛兰 TrailBlazer。
- "举枪投降？我们宁愿高昂头颅乘风破浪前进！"雪佛兰卡车。
- "某些臭虫比其他臭虫死得更壮烈。"道奇卡车。
- "可能激发优越感。"日产 Altima。
- "又一次解释了为什么交通拥挤是糟糕的。"丰田凯美瑞（Camry）。
- "如此灵巧！小写 u 一样的转弯都可以做到！"吉姆西（GMC）Yukon XL Denali。

你还记得曾经看到的这些汽车广告吗？可能不会。为什么记不住？因为它们没有一个在说人话。这些广告是"有创意的"。

我们"最喜欢"的汽车广告是一则英菲尼迪（Infiniti）所做的一张整版广告，展示了过度创意的力量，图片上是一只蜥蜴坐在英菲尼迪 I35 的方向盘上。上面就两句话：

"没有比在冷天溜进一辆英菲尼迪 I35，找到一个温暖的方向盘更满足的事了。仿佛抓住一辆 255 马力轿车的方向盘已经不那么令人满足了。"

我们想知道，一个温暖的方向盘是否足够说服消费者为一辆英菲尼迪 I35 付出 3 万美元。

实际上，很多汽车广告在"聪明人"的作品后隐藏着真正的革新。

想想通用卡车 Sierra Denali 的一则广告。"我们没有重新发明轮子，我们只是想四个轮子都应该受到操纵。"这个广告中隐含的真正新闻是："世界上第一辆也是唯一的四轮驱动货车。"

四轮驱动可能是一个对卡车司机最有力的激励因素，但是这个概念需要媒体报道提供可信度。有多少汽车是四轮驱动的？四轮驱动会减少意外吗？政府怎么说？有让四轮驱动成为新汽车的标准配置的强制规定吗？

广告人谈论创意和"伟大的点子"。但是即使一个广告中含有一个好点子（比如说四轮驱动），这个信息通常也会被目标消费者忽略掉，因为他们并不期望在广告中找到这些东西。

为考虑到效果，广告实际上不需要创意，它需要的是可信度。

广告和奖项

1963 年 11 月 22 日，在一个年度最佳艺术指导颁奖午宴上，颁奖主席站在讲台前说："肯尼迪总统被刺杀了，但是我知道他希望我们继续。"

如果你想在广告这一行出人头地，没有什么比获奖更重要了。这对个人和对公司来说一样正确。广告界的奥斯卡是金狮奖（Gold Lion），每年在法国戛纳举行的国际广告节上颁发。在戛纳赢得金狮，你就会成为广告界之王。

如果你在戛纳胜出，接下来还有安迪奖（Andys）、克里奥奖（Clios）、金铅笔奖（One Show）、纽约艺术指导俱乐部奖（New York Art Directors Club）、Kelly 奖、《广告时代》最佳作品奖（Advertising

Ages's Best Awards），以及其他很多国内和国际的奖项。没有哪个行业像广告业一样颁发如此多的奖项。

广告公司的大亨们热切地期待着年度全球创意报告（Gunn Report），这个报告用一个复杂的打分系统评出 32 个电视广告获奖作品和 20 个平面广告获奖作品。这个报告总共涵盖了 17 个国家。2001 年的最大赢家是李奥贝纳（Leo Bwrnett）广告公司，紧跟之后的是天联（BBDO）和恒美（DDB）广告公司。

如果你是大学教授，你的生存法则是"出版或消失"；如果你是创意总监，你的生存法则是"获奖或消失"。（通常广告公司在参加评奖上花的钱比花在独立消费者研究上的钱更多。）

获奖压力是如此之大，以至于有些广告公司用专为参加评奖而制作的广告去参赛。这些"假"广告对全世界的广告竞赛主办方来说都是个问题。《华尔街日报》最近一个报道的标题是"广告竞赛采取行动遏制虚假广告参奖的浪潮"。

牛奶胡子

多年来，没有任何一个广告运动能比美国牛奶协会（National Fluid Milk Processor Promotion Board）推出的牛奶胡子"喝牛奶了？"活动吸引更多的关注。

无数名人，如比尔·克林顿（Bill Clinton）、凯尔西·格拉默（Kelsey Grammer）、娜奥米·坎贝尔（Naomi Campbell）、琼·里弗斯（Joan Rivers）、范纳·怀特（Vanna White）、克里斯蒂·布林克利（Christie Brinkley）、劳伦·白考尔（Lauren Bacal）、珍妮佛·安妮斯顿（Jennifer Aniston）、托尼·贝内特（Tony Bennett）、丹尼·德维托（Danny DeVito）、威廉姆斯姐妹（Venus and Serena Williams）、帕特里克·尤因（Patrick Ewing）、丹尼斯·弗朗兹（Dennis Franz）和约翰·埃尔韦（John Elway）

都曾经以牛奶胡子出场。几乎所有有点儿身份的人都在这个广告活动中露过面了。

作为流行文化的一部分，这个广告活动一直受到关注。从雷诺（Leno）到莱特曼（Letterman）⊖，从连续剧到电影，从贺卡到 T 恤，几乎在所有的东西上都能看到对它的模仿。巴兰坦（Ballantine）出版集团甚至出了一本题为《Jay Schulberg 撰写的牛奶胡子》的书，副标题是"美国人最喜爱的广告活动的幕后观察"。

如果牛奶胡子广告活动是美国人最喜爱的广告，为什么牛奶不是美国人最喜爱的饮料呢？人均牛奶消费量持续下降，2001 年达到了历史最低点。

李·温伯莱特（Lee Weinblatt）是一个广告调研公司的老板，他说当每个人在大谈牛奶胡子活动时，牛奶销量持续下降。

温伯莱特指出，"女孩子不喝牛奶的主要原因是她们认为喝牛奶会发胖。没有一个广告提到这个问题。"

客户的想法

客户怎么看待广告公司的这种奖项狂热症呢？看上去似乎有两种想法。

中层管理人员喜欢它们。"嗨，有人认为我们的广告很棒。"并且同他们的广告代理公司一样，热情地展示奖杯和奖牌。他们还发现广告获奖对自己的事业晋升也有帮助，无论在公司内还是在公司外。

高层管理人员看上去遗忘了它们。我们从没有听到哪个 CEO 说："去年我们的一个广告获了一个大奖。"他们不认为获奖是重要的，也就是说他们没有看到获奖和增加销量之间有任何联系，我们同样也没有看到这种联系。

⊖ 两位为美国脱口秀节目主持人。——译者注

我们在高层管理人员的头脑中看到的是，他们越发意识到广告已经失去了它的传播功能，成了艺术。但是没有哪个 CEO 愿意被人看成是个俗人，所以他像容忍昂贵年度报告、挂在会议室墙上的昂贵艺术作品和门前草坪上的卡尔德（Calder）活动雕塑那样容忍广告。广告可能没有多少好处，但是它不会有害处。

有些人认为建筑也处在失去功能成为艺术的边缘。想想西班牙毕尔巴鄂的新古根海姆博物馆（New Guggenheim Museum）。今天很多建筑师不再追随米斯·范德罗厄（Mies van der Rohe，主张"形式服务功能"），而是追随弗兰克·格里（Frank O. Gehry，主张"只要它有创意并获得关注，其他无关紧要"）。

无论在哪里，你都能看到同样的模式，今天的功能成为明天的艺术。你在博物馆里看到的东西在过去可能是有功能的，但是现在其功能消亡，成为了艺术。一辆 1911 年的 Mercer Raceabout 在汽车博物馆里是一个令人赞叹的景观，但是作为运输工具，它的表现会很糟糕。

有些管理人员为他们的广告感到自豪，就像这些广告是公司收藏的艺术品那样。他们乐于听到高尔夫俱乐部里有人谈论他们最新的电视广告，更乐于看到他们的广告成为连续剧和脱口秀节目中的流行语。

"让一个品牌出名的最快的途径，"DDB 广告公司说，"就是让它的广告出名。""一个充斥着你的论调或不断重复着你的广告语的世界里，人们会更放心地使用你的产品。"

（注意重心从产品到广告的转移。我们本应该考虑到广告的目的是让产品有趣，而不是让广告有趣。）

百威的"怎么着"广告运动

没有什么广告语能和百威的"怎么着"一样快速成名。"怎么着"

广告活动获得的奖项比历史上其他任何广告都要多，包括格兰披治（Grand Prix）电视大奖和戛纳影视大奖。

《广告时代》报道了当戛纳奖宣布时爆发的喜悦："DDB 芝加哥公司为百威啤酒制作的六个广告在参加戛纳的人群中广为流行，以至于放映了酒类和饮料两个行业的广告之后，观众们还在大声叫着那个具有感染力的广告语。"

"它新鲜有趣，每个人都爱上了它，"一个评委说，"我们只花了五分钟就决定了，它几乎得了满分。"

接下来的一年，百威凭"你在干什么"这个雅皮士版本的"怎么着"再度获得了戛纳大奖。然而，实际上，百威在美国的销量在过去 10 年里每年都在下降，从 1990 年的 5 000 万桶降到了 2000 年的不足 3 500 万桶。怎么着，百威？

上升的是百威淡啤（Bud Light）。在过去 10 年中，百威淡啤的销量每年都在增长，从 1990 年的 1 200 万桶上升到 2000 年的 3 200 万桶。在不远的将来，百威淡啤销量肯定会超过百威。

为什么不把格兰披治奖颁给百威淡啤的广告？毕竟，那个广告带动了该品牌销量的增长。不应该给百威广告，这个品牌销量下降了。

看起来你还没弄懂"创意社会的哲学"。广告是艺术，它和销量无关。你引入商业上的考虑是对创意的玷污。

除了一个例外（那个例外是专注于"效果"的艾菲奖，它由美国营销协会纽约分会颁发。正如你猜到的，创意人很少会吹嘘自己获得了艾菲奖），大多数广告奖项活动根本不考虑广告自身之外的其他东西。不考虑广告的目标，不考虑消费者认知的改变，不考虑销售业绩，除了广告自身效果之外，评委不考虑其他因素。

有人可能会说，安海斯 – 布希（Anheuser-Busch）在百威淡啤上投入的广告费用比在百威上的多。事实正好相反。在过去 5 年里，该公司在百威上投入的广告费比在百威淡啤上多 50%。

销售价值 vs. 谈论价值

广告的角色和功能到底是什么？你在听广告人谈论时很少听到"销售"或"销售价值"。根据 DDB 公司美国创意总监的话，广告的真正功能是创建"谈论价值"。

这个意思是，广告应该制作成人们在工作时谈论或聚会时作为妙语使用的商业广告。然后，凭借一些运气，妙语成了习语的一部分。

"谈论价值"是由 DDB 公司提出来的，它也被叫做"莱特曼或雷诺因素"。当创作广告时，DDB 公司的文案人员和艺术指导人员会被告知，要考虑广告语是否会入选戴维·莱特曼的前 10 名单或在杰伊·雷诺的独白中被引用。

耐克的"Just Do It"广告活动

除了百威的广告活动，没有哪个广告比耐克的"Just Do It"活动获得更多的谈论价值。"Just Do It"成了每个年轻人口头禅的一部分，足见耐克的电视广告之流行。

现在他们用文斯·卡特（Vince Carter）、拉希德·华莱士（Rasheed Wallace）、詹森·威廉姆斯（Jason Williams）和其他 NBA 运动员跟随音乐拍打篮球和跳舞。这种现象被叫做"嘻哈"（hoop-hop），它们看上去更像音乐录影带而不是电视广告。

实际上，耐克成功地在 MTV 频道上推出了一个两分钟版本的广告。那么耐克本身做得如何？

不太好。四年前，耐克占据运动鞋市场 47% 的份额，现在它的市场份额下降到 37%。耐克的股票价格从 1997 年的每股 75 美元降到了今天的每股 56 美元。看起来"Just Do It"适用于任何时刻，除了购买耐克运动鞋之外。

那么谁从中得到了好处？锐步是一个。它们 just do 了。它们找到了最红的 NBA 明星艾伦·艾弗森（Allen Iverson）为锐步代言。

另一个是 Skechers，这个"反耐克"品牌由布兰妮（Britney Spears）代言，它的叛逆和时尚受到很多青少年的喜爱。

劲量电池小兔子运动

另一个产生了很多谈论价值的广告活动是劲量（Energizer）电池的小兔子。小兔子通过了莱特曼和雷诺脱口秀的测试，却没能通过销售测试。现在劲量占有 29% 的美国电池市场，而金霸王有 38% 的市场份额。

有趣的是，每个人都知道小兔子，但并不是每个人都知道劲量，有人认为小兔子是金霸王的。一个智力竞赛的选手就是因为犯了这个错误而损失了 10 万美元。虽然兔子活动在广告层面上是个很大的成功，但是劲量的销量表现却很差劲。

小兔子广告活动存在的问题之一是，劲量是电池品类的第二品牌，而"通用的"广告口号通常在消费者心智中是和第一品牌关联在一起的。

"Just Do It"是和运动鞋第一品牌耐克关联的，"怎么着"和啤酒第一品牌百威关联，所以小兔子被认为和金霸王关联。

不用钩子钓鱼

但是，所有三个口号都有同一个致命缺陷。它们不用鱼钩钓鱼，目标顾客捡起鱼饵，但是从来没有被品牌钩住。

■ What's up？"除非我渴了，我想我会停下来喝杯喜力（Heineken）。"

- Just Do It。"我知道你一直想要那双艾弗森锐步鞋，just do it。"
- 小兔子没电了。"我们需要更多电池，再买一包金霸王。"

广告的历史长河中漂浮着太多对品牌毫无用处的大规模活动。它们晃着说辞上的鱼饵，却懒得加上一个使之生效的鱼钩。

- "Yo quiero Taco Bell"（塔可钟）和吉娃娃狗。（结果，销量下降，广告公司被解雇。）
- 雪佛兰（Chevrolet）的"美国的心跳"。（结果，雪佛兰把市场领导地位让给了福特。）
- "世界上有很多金钱买不到的东西。只要能买到的东西，都可以用万事达卡（MasterCard）。"（结果，万事达卡一直落后于Visa卡。）

这些以及其他成百上千的广告口号都是心智的泡泡糖。它们可能容易记忆，甚至可能在目标客户心智中和品牌扯上关系，但是却无法促进消费者购买该品牌的产品——他们用没有鱼钩的鱼饵钓鱼。

Alka-Seltzer 的广告活动

多年来，没有广告像胃药 Alka-Seltzer 的商业广告那样受到称赞。新婚太太想要为自己的丈夫制作"水煮牡蛎"，开口说话的胃在斥责它的主人吃了意大利辣香肠比萨。饰演丈夫的电视演员吃力地说，"我的妈呀，那肉丸太辣了。"紧接着，他呻吟着说，"无法相信，我把它都吃完了。"

《广告时代》把 Alka-Seltzer 选为有史以来最杰出的广告活动中的第 13 位。

Alka-Seltzer 的"妈妈咪呀"广告被 MTV 网络的一个调查评为有史以来最有趣的电视广告。

今天 Alka-Seltzer 在哪呢？它绝对需要治疗。"尽管它有一些史上最伟大的电视广告，"《福布斯》杂志说："但 Alka-Seltzer 还是病了。"

广告和知名度

广告的主要目的之一是增加品牌知名度，这已变成了信条。有没有比利用广告活动来吸引关注、增加知名度更好的方法？

"必须获得关注"看上去是广告界人士的座右铭。但是没有激励，只有关注是没有用的。当沃尔沃（Volvo）汽车钢墙撞击测试吸引了你的关注，但是它同时强化了在你心智中的"安全"定位。当一个广告只有关注没有激励时，就不能达成更多效果。

广告人在吸引消费者关注上花了很大工夫。日产汽车用玩具娃娃，IBM 用流浪者，Pets.com 用袜子木偶，塔可钟用吉娃娃狗，大使套房（Embassy Suites）用加菲猫，Outpost.com 用加农炮射出的沙鼠，施乐（Xerox）甚至把达·芬奇叫出来推销它的复印机。

如果这些是少数例子，也就罢了。但是不是！每天晚上，你都能在电视上看到这种类似的广告（广告可能比电视节目更好看，但是它们卖给你什么东西了吗？）。

让我们看看所谓的知名度问题和吸引关注问题。

跨越品牌曲线

同时看看曲线的两端：没人听说过的品牌和每个人都听说过的品牌，看上去品牌知名度符合倒过来的钟形曲线（bell curve）。大多数品牌集结在曲线的任意一端。中间是最低点。

每个人都熟悉塔可钟，但几乎没有人知道 Outpost.com。国家也是一样，每个人都听说过阿富汗，但很少有人听说过土库曼斯坦。试着想出一个拥有 50% 的认知度的国家或品牌不是一件容易的事。

广告公司通常觉得为低知名度的品牌推出吸引关注的广告活动是正确的。看起来战略应该是这样的：我们必须在开始传播与我们做生意的好处之前，先让目标顾客知道我们是谁。

但是如果你从来没有听说过这个公司，你怎么可能会注意这个公司的信息？你记住了沙鼠，但不是 Outpost [如果你在昨晚的活动中碰到乔治·布什（George Bush），你可能会在余生中都记住这回事。但是如果你在同样的活动中碰到的是乔治·伯克（George Burke），你更有可能再也记不起这回事。]

看电视也是一样。你记住你知道的品牌，却不会记住你不知道的品牌。你甚至不会设法记住那些不知道的品牌。

这听起来让人气馁。这个世界上最知名的广告客户曾经这样评价过新成立的广告公司："如果我从来没有听说过它们，它们好不到哪里去。"或者出名或者不出名，看起来没有中间位置。

怎样才能从曲线的一端到达另一端？广告是一个特别困难的途径。广告有两大不利因素：广告自身没有可信度；一个没人听说过的品牌也没有可信度。"如果我从来没有听说过这些品牌，它们肯定好不到哪里去。"

公关同时解决了这两个问题。信息来自于一个被认为没有偏见的媒介，所以它有可信度。此外，你期待媒体告诉你从来没有听说过的事情，那是新闻的目标所在。

我们如何让土库曼斯坦出名？当然不是靠广告。

（广告曾经能让一个不知名的品牌变得略有名气，美国家庭人寿保险公司（AFLAC）的鸭子广告活动就做到了。当然，AFLAC 是否能从它的广告中受益是另一个问题，大多数人知道鸭子但是不知道 AFLAC 是干什么的，或它代表的是什么。）

让我们看看品牌处于曲线另一端的情况，每个人都听说过它。获取关注的广告活动对一个人人都听说过的品牌来说有什么价值？它不会增加你的品牌知名度，90%或95%可能是它能达到的最高点。

但是很多处于曲线高端的品牌的广告都是在吸引关注而没有其他信息，比如耐克的"自由风格"或"嘻哈文化"广告。这种广告的目的是什么？它不可能是为了增加品牌知名度，因为耐克已经广为人知。

创意的特点

只有关注没有激励是"创意"广告的特点。当你剔除了广告中的娱乐元素，你就创作了一个"纯"广告艺术作品。下面是一个获奖的广告。

世界上最有创意的广告公司的老板曾经称赞他的公司为贝里斯（Bayless）超市制作的一则电视广告。这则广告有两个场景。

场景一　一卷卫生纸说："女士们先生们，卫生纸。现在，贝里斯的卫生纸正在限时特卖……"

场景二　同样一卷带卡纸内芯的卫生纸在它旁边说："在每一卷卫生纸里，你会得到一个纸筒，完全免费！（画外音）新贝里斯。"

这个广告在戛纳获得了银狮奖。"又一次证明了伟大的创意不依赖伟大的制作预算。"这个世界上最有创意的广告公司的老板说。

很有趣，但是很可能在起居室里完全被遗忘。你能想象有人看了电视广告说"我们去贝里斯，它们的卫生纸送一个免费纸筒"吗？不能。

（这是则只有安迪·沃霍尔喜欢的广告。）

你不能以这则广告让做广告的超市出名为由，为这个卫生纸广告辩护。在亚利桑那州，贝里斯超市早已家喻户晓了。

什么是因，什么是果

广告人常常以获得关注的广告让产品出名这一点证明这类广告是可行的。但实际上，事实刚好相反。

吉娃娃狗没有让塔可钟出名，塔可钟却让吉娃娃狗出了名；小兔子没有让劲量出名，劲量却让小兔子出了名；皮尔斯堡（Pillsbury）的步兵没有让皮尔斯堡出名，皮尔斯堡却让步兵出了名；袜子木偶没有让 Pets.com 出名，Pets.com 却让布袋小狗出了名；巴比·鲍勃没有让 FreeInternet.com 出名，FreeInternet.com 却让巴比·鲍勃出了名。

什么是因，什么是果？广告偶像很少让品牌出名，但是出名的品牌常常让广告偶像出名。

那么，大概有 50% 知名度、处于中间位置的品牌又怎样呢？广告不能把它们推向 90% 的知名度吗？

或许可以。但实际上，这些处于中间位置的品牌在朝这个或另外一个方向发展。它们或者有动力移到曲线的这端，或者已经往另一端衰落。广告对一个上升的品牌是不需要的，而它也可能无法拯救一个已经开始下降的品牌。

很少有半出名的名人，也很少有半出名的品牌。要么出名，要么不出名。

广告和销售

广告界有一个现象叫做"克里奥诅咒"（Curse of Clio）：一个凭借为客户制作广告而获得克里奥奖的广告公司下一年会失去这个客户。

获奖广告似乎从来没有促进销售增长，而那却是客户所关心的。

乔·五十铃的故事

虽然流行的广告活动会引起大量关注，但是它们很少带来和广告的流行相符的销售结果。谁会忘了乔·五十铃（Joe Isuzu），20世纪80年代那个撒谎的汽车销售员？

由演员戴维·莱热（David Leisure）扮演的乔在1986年7月上了五十铃汽车的广告。接下来的一年，五十铃汽车的销量上升了很小的1.7%。此后，销量一直下落。

1988年，五十铃汽车销量下降了38%；1989年，五十铃汽车销量比上年下降了34%；1990年，五十铃汽车销量比上年下降了64%。

1991年，美国五十铃汽车公司解雇了制作乔广告的代理公司。1992年，五十铃宣布停止生产乘用车。

情况就是这样。手术（广告）大获成功，但是病人（品牌）死了。

很多广告人辩解说，尽管五十铃不是那么成功，但是这个广告活动让五十铃获得了很高的知名度；尽管乔·五十铃在广告中是作为汽车销售员出现的，但也有可能他的高知名度有助于销售五十铃的卡车。那来看看数字吧。乔·五十铃登上屏幕的那年是五十铃汽车（含轿车和卡车）在美国销售的最高峰，1986年总销量为127 630辆。

五十铃再也没能在美国销售那么多的汽车。现在的销量是每年不超过10万辆。今天，你认为美国五十铃汽车公司会如何处理这种局面？你猜对了。他们重新请回了乔·五十铃。

"销量下跌，形象下滑，"《芝加哥太阳时报》（Chicago Sun-Times）的布鲁斯·霍罗维茨（Bruce Horovitz）写道："美国五十铃汽车公司正在重新启用它所有广告中最令人难忘的偶像。"

乔·五十铃有那样的历史记录，公司为何要重新启用他呢？这很不合理，但也确实表明了传统的广告思维是如何统治营销界的。

传统广告的目标不是让产品出名，而是让广告出名；传统广告不是创建销售价值，而是创建谈论价值。

乔·五十铃是有趣的，但在现实生活中，你怎么会从一个撒谎的汽车销售员那里买车呢？你怎么会向一个在电视上用撒谎的汽车销售员做广告的汽车公司买车呢？理由在哪里？都是鱼饵，没有鱼钩。

同质产品论

把乔·五十铃搬上电视的另一个借口是"同质产品"论。在成熟的品类，比如啤酒、汽车和运动鞋，通常的想法是所有的品牌都是一样的，它们是同质的产品。传统上，这些同质产品的广告目的不是要传播某些具体的产品信息，而是要提供娱乐。

这种思维方法在很多广告公司的创意走廊中蔓延。创意人很快在他们服务的几乎所有品类中都看到"同质产品"。这给了那些更想拍电影而不是拍广告的人又一个借口，把广告制作得很娱乐。

同质产品思维有一个漏洞。虽然很多产品本身可能非常相似，但是在消费者的认知里它们很少"同质"。

百威淡啤和米勒淡啤（Miller Lite）可能在瓶子里是同质产品，但在消费者心智中绝对不是同质产品。百威淡啤是针对年轻人群的"时尚"啤酒，米勒淡啤则是针对年长人群的"怀旧"啤酒。

营销的核心不是产品，而是认知。要运作一个成功的广告或广告计划，你必须创建比谈论价值更多的东西，你必须处理目标顾客心智中的糟糕认知。

相比于广告，公关是处理这些认知的一个更有效的途径。

有些时候，广告没有改变认知的原因可以被归结于一种"骄傲"的情绪。无论营销问题是什么，我们得到的答案总是"更多广告"。

这个故事是关于一个存在很多严重问题的客户的。某个公司生产设备过时，产品定价过高，消费者转到了竞争品牌上。"我们应该怎么做？"客户问他广告公司的 CEO。

CEO 的回答是："我建议投放电视广告。"

如果你工具箱中的唯一工具是锤子，那么每个问题看上去都像是钉子。运作广告公司就类似于这个情况。

如果质量（创意的好坏）在广告中无效，可能数量会奏效。或许通过增加广告量，一个公司可以成功。下面就让我们来看看一些大广告主的境况如何吧。

雪佛兰的故事

多年来，美国广告投放最多的品牌都是雪佛兰。2000 年，通用汽车在雪佛兰品牌上投了 8.19 亿美元的广告费，其中电视广告占了 67%。

通用汽车从它的 8.19 亿美元上得到了什么？雪佛兰是销量最大的汽车品牌吗？不是，是福特。雪佛兰是销量最大的卡车品牌吗？不是，还是福特。

实际上，通用汽车在雪佛兰上投入的广告费比福特汽车公司在福特上投入的广告费多 39%。但是福特汽车的销量比雪佛兰多 33%。

好，你可能会想，如果广告项目无效，雪佛兰的人就不会花那么多钱（如果农业补助无效，我们的政府也不会每年在上面花 200 亿美元。）

这不仅仅是某一年的现象。连续 5 年，雪佛兰一直比福特投入更多广告，但销量却比后者低。

5 年前，福特卖出的汽车比雪佛兰多 28%。接着，雪佛兰的广告战开始了。在 5 年里，雪佛兰投入了 34 亿美元广告费，福特是 29 亿美元。

广告投入多于竞争对手并不意味着销量也一定会高过对方，今天福特将领先优势再度拉大，从 28% 上升到了 33%。

一个更惊人的对比是卖出每辆汽车的广告成本。今年雪佛兰售出每辆汽车的广告成本是 314 美元，与之相比，福特是 170 美元。

现在，如果你来运作通用汽车的雪佛兰部门，你该怎么做？增加广告预算还是减少预算？

AT&T 的故事

2000 年广告投放花费第二大的品牌是 AT&T。AT&T 品牌得到了 7.11 亿美元的广告支持。那么 AT&T 做得如何？一点也不好。

AT&T 是一个摇摇欲坠的通信公司，它正在寻求把它的电话运营业务出售给小贝尔公司（Baby Bell）的一个子公司，而且它计划和康卡斯特（Comcast）合并宽带服务业务。

据《纽约时报》报道："对 AT&T 来说，销售它的电话运营业务，其中包括了最大的长途电话公司，这是另一个信号，表明了摸索之中的公司战略以及一场耗日持久的长途电话价格战使得公司破了壳，已不再是过去的 AT&T。"

可能，只是可能，AT&T 的广告战略也在摸索中吧。

通用汽车的故事

忘掉 AT&T 和雪佛兰这样的单个品牌吧，看看通用汽车。1994 年，罗纳德·扎雷拉（Ronald Zarrella）离开博士伦公司（Bausch & Lomb）加入到通用汽车成为营销总监。他的戒条：把品牌管理纪律带给这个全球最大的公司。

据《今日美国》报道，通用汽车新市场总监将汽车公司"产品为王"的旧信条击得粉碎。罗纳德·扎雷拉说，通用汽车的将来依赖于好的市场营销和好的产品，且程度不相上下："这一行业里有个信条，那就是产品是一切——但它不是。"

根据扎雷拉的品牌管理理念，他做的第一件事就是开动了广告这个发动机。

- 1995 年，通用汽车是美国第三大广告主，投入了 21 亿美元。
- 1996 年，通用汽车是美国第二大广告主，投入了 24 亿美元。
- 1997 年，通用汽车是美国最大的广告主，投入了 31 亿美元。
- 1998 年、1999 年、2000 年，通用汽车还是美国最大的广告主，分别投入了 30 亿美元、41 亿美元和 30 亿美元。

通用汽车花了这么多钱，得到了什么？

- 1995 年，通用汽车的市场份额从 34％跌到 33.9％。
- 1996 年，通用汽车的市场份额降到 32.3％。
- 1997 年，通用汽车的市场份额降到 32.1％。
- 1998 年，通用汽车的市场份额降到 30.0％。
- 1999 年，通用汽车的市场份额降到 29.6％。
- 2000 年，通用汽车的市场份额降到 28.1％。

2001 年罗纳德·扎雷拉离开通用汽车回到博士伦公司时，他的想法有了 180 度的转变，他说："产品是这个行业的一切。"

这很奇怪。广告不是一切，产品不是一切，但是有一样东西是一切。大多数经理看起来都忘了。

认知是一切。唯一的问题是如何在消费者心智中创建一个有利的认知。广告在这方面有一个糟糕的记录。

沃尔玛 vs. 凯马特

更多情况下，大广告预算是和有大麻烦的公司联系在一起的。拿沃尔玛（Wal-Mart）和凯马特（Kmart）做个比较，谁在广告上花钱多？

你能相信是凯马特吗？ 2001 年凯马特在美国的广告中投入了 5.42 亿美元，沃尔玛投入了 4.98 亿美元。

但是，当你比较公司收入时，情况就不一样了。2001 年凯马特的美国国内收入是 370 亿美元，相比之下，沃尔玛是 1 590 亿美元，是凯马特的四倍还多。

现在凯马特破产了。你会如何挽救这个零售商？增加你的广告投入吗？

看看沃尔玛内部，反对广告的故事就变得更加有趣了。山姆俱乐部是沃尔玛的经营部门之一，它实质上不做广告。沃尔玛平均单店年收入是 4 600 万美元，而山姆俱乐部的单店年收入是 5 600 万美元。

当大多数大广告客户有问题，而大多数小广告客户没有问题时，我们很难再为广告提出充分的理由。

广告费用在很大程度上类似法律费用：两个都可以看做是负面的指数。一个法律费用账单很大的公司不一定就是个正在向上发展的公司。

塔吉特商店的故事

另一个广告费投入很大的折扣连锁店是塔吉特（Target）商店。但是塔吉特商店和凯马特不同，它从大量的有利公关上获益。著名主持人奥普拉·温弗瑞（Oprah Winfrey）给塔吉特商店起了一个生造的法语名字 "Tarzhay"，其结果是销售上升，获利丰厚。

塔吉特商店通过聘请建筑师迈克尔·格雷夫斯（Michael Graves）设计一系列的家用器皿和家装物品，点燃了公关的火焰；他们还长期聘用服装设计师 Mossimo 设计系列服装；塔吉特商店还采购一些热销的品牌，比如 Calphalon 的厨房用品。

消费者把这家店称做"便宜的时尚"。广告还是公关让塔吉特商店成功，这是个无法得出明确结论的问题，我们认为是公关。

（今天，太多的营销规划里面的广告部分和消费者的认知互相脱节。塔吉特商店的广告专注于视觉象征主义，强化"塔吉特"的标识，然而塔吉特商店广告的目标——它的消费者，谈论的却是塔吉特宽阔的走道、整洁的陈列和时尚的产品。没有人说："我去那里，是因为它有个完美的 LOGO。"）

西尔斯·罗巴克的故事

另一个陷入大广告投入困境的公司是西尔斯·罗巴克（Sears Roebuck）。2001 年西尔斯为它的产品目录投入了 15 亿美元的广告，大概是沃尔玛、凯马特或塔吉特的三倍。然而西尔斯在美国国内的收入甚至比凯马特还少。

但是，成为一个大广告主会带来许多额外利益。营销和广告负责人受到的待遇就像是拉斯维加斯的豪赌客，美食、娱乐，应用尽有。在超级杯总决赛期间，美国国家橄榄球大联盟（NFL）为几千位广告主和代理人举办了一个聚会，用以彰显它作为最贵的广告媒体的地位。在参加了 NFL 超级杯的疯狂聚会后，如果你只买了 200 万美元的广告时段你会感觉没脸见人。

广告界有很多玩家，却很少有赢家，这和拉斯维加斯是一样的。如果广告业在罗得岛（Rhode Island）新港⊖开一次年会，人们可能忍不住会四处打探："那些大广告主的游艇在哪呢？"

通用汽车 vs. 通用电气

再拿通用汽车和通用电气做个比较。通用汽车是《财富》500 强的第三位，通用电气是第五位。

⊖ 美国第一度假胜地，云集名贵游艇。——译者注

通用汽车的广告投入更多。2001 年，通用汽车在美国投入的 30 亿美元广告费用，几乎是通用电气 13 亿美元的 2.5 倍。

通常，广告投入大的并不意味着赚钱多。通用汽车，即使它的销售额比通用电气高 42%，但净利润只有 45 亿美元，相比之下，通用电气是 127 亿美元。

广告投入大的公司的股票市值也不高。通用汽车的广告投入更大，它的市值是 270 亿美元，而通用电气广告投入少，它的市值是 4 050 亿美元，是通用汽车的 15 倍。

再来比较一下两个杰克。通用汽车的总裁杰克·史密斯和通用电气的前任总裁兼 CEO 杰克·韦尔奇。

商界热门人物杰克·韦尔奇可能是美国最知名的 CEO，他撰写的《杰克·韦尔奇自传》（*Jack : Straight from the Gut*）预付版税高达 700 万美元，书出版后并直接上了畅销书的名单。

杰克·史密斯，通用汽车的总裁和他的名字一样默默无闻。

可口可乐的故事

可口可乐公司，长期以来是广告业的支柱，最近的广告进展也不顺利。公司在不断地更换管理层、广告代理公司和广告运动。

KO 是可口可乐公司的股票代码，最近的表现不再引人注目。自从 CEO 郭思达（Roberto Goizueta）在 1997 年去世后，公司的市值已从 1 450 亿美元跌到了今天的 1 190 亿美元左右。

在过去的五年里，可口可乐的广告遭受了双重打击：没有关注也没有激励。没人谈论可口可乐的广告（关注），广告也没有推动购买（激励）。

广告从根本上应以消费者为导向，但出人意料的是广告人对此却置若罔闻。有个专栏作者，可能是世界上最知名的广告评论员，并为世界上最知名的广告出版物鱟文，把可口可乐最近的一个口号"永远"称为软饮料史上（甚至是营销史上）最杰出的广告语。

开玩笑吧。"永远"是营销史上最杰出的广告语？你听到有人说过"给我一罐永远"或"我要一瓶朗姆酒和一罐永远"吗？"永远"到底是什么意思？消费者永远喝可口可乐？

事实恰恰相反。如果可口可乐卖完了，99%的人会欣然接受一罐百事可乐，这就是现实。

可口可乐最近不断地从一个毫无意义的广告语转到下一个。从"永远"到"享受"，再到"生活味道很好"。2001年7月，可口可乐还遇到了一个尴尬问题，它不得不支付给帕玛拉特加拿大公司100万美元，因为他们侵权使月了对方旗下Lactantia黄油品牌使用的广告语"生活好味道"。

紧接着，两个月后，在"9·11"事件之后，可口可乐又放弃了"生活好味道"。

广告在很多方面是一个双输的游戏。如果你的口号毫无意义（和其他大多数口号一样），它对品牌没有帮助。即使你的口号有意义，目标消费者也不一定相信它。

这是广告的致命弱点。即使你说了一些有意义的和有煽动性的话，也不一定意味着目标消费者会相信这一切。

麦当劳的故事

谈谈麦当劳，这是广告花费排名第四的公司。在过去五年里，麦当劳在美国的广告投入超过30亿美元。

但是，麦当劳的销售增长甚至没能跟上通货膨胀的速度。同比来看，麦当劳的平均单店收入从140万美元略微上涨到150万美元，每年只增长了1.7%。广告对麦当劳的销售增长推动不大。

最近，麦当劳的 CEO 杰克·格林伯格（Jack Greenberg）在一个特许经营会议上说，"营销出了一些问题"，公司正在修复。

但是最近几年广告的最大失败和上述大公司以及它们的大广告预算无关。广告的最大失败和新兴市场小公司有关。

广告和网站

20 世纪 90 年代后期的互联网浪潮给很多新兴网站带来了一个关键问题。人人都在上网，一个网站如何制造足够的公关建立品牌认知呢？

为了解决这个问题，很多网络公司求助于广告。既然没有什么人关注我们，那么，顺理成章，我们来发动一个大型的广告活动吧。

为何在 Pets.com 上买宠物用品

Pets.com 是一个向狗和猫的主人销售宠物用品的网站。这很难成为一个令人兴奋的公关概念，所以 Pets.com 向广告界求助。

Pets.com 聘请了宝洁公司的营销经理和业内最富创意名气的广告公司。果然名不虚传，这个广告公司创造出了布袋小狗，《广告时代》称之为"网络领地上创造出来的第一个真正的广告名人。"

布袋小狗获得了极大的成功。它从消费者、媒体和营销专家那里获得了如潮的赞扬和奖赏。布袋小狗在梅西百货商店感恩节大游行活动上参与游行，出现在 CNN 和《早安美国》（*Good Morning America*）节目上，出现在《娱乐周刊》（*Entertainment Weekly*）、《时代》（*time*）和《人物》（*People*）杂志上。最近，布袋小狗原作以 20 100 美元的拍卖价格卖给了旧金山的一个商人。

这个童话中被忽略掉的事情就是销售。在 6 个月多一点的时间里，

Pets.com 的销售收入是 2 200 万美元，但是在营销上花了三倍于收入的钱。这种财政记录让它没撑多久就宣布破产了。

但是广告公司对广告的信念没有破产，"业务模型、市场状况、纳斯达克、风险投资，它们不受我的控制。"Pets.com 的广告代理公司老板说，"这和广告的成功无关。广告公司被聘用来创建品牌，我们肯定做到了。"

我们肯定做到了？我们创建了一个成功品牌？品牌到底是什么？这个世界上最富创意的广告公司正在混淆广告和产品。布袋小狗不是品牌（如果它是，网站应该销售布袋小狗），Pets.com 是品牌。

品牌是在潜在消费者的心智中代表了某种认知的名称。沃尔沃代表"安全"，宝马代表"驾驶"，但是 Pets.com 代表了什么？一个在心智中不代表某种认知的品牌是不会激励消费者购买的。此外，大多数的宠物主人不明白布袋小狗是属于 Pets.com、Petstore.com 还是 Petopia.com。

我为何要在 Pets.com 上购买宠物用品？公司首先要回答这个问题，然后设法把答案放到宠物主人的心智中。这不是件容易的事情，而且广告也无法很好地处理这种事情。

那个广告公司的回答是，你应该在 Pets.com 购物，"因为宠物不会驾车"。

荒唐，但那是个"大创意"。

为什么在亚马逊网站上买书

当亚马逊开始营业时，这个问题的答案很简单："所有精装书降价30%。"不得不说的是，是公关而不是广告帮助亚马逊网站把降价30%的概念传了出去。

当然，亚马逊网站的品牌建立以后，公司还是进行了一个大型广告活动，但不是广告建立了品牌，而是公关建立了品牌。广告只是强化了已经由公关建立起来的品牌的地位。

在互联网上可以发现太多试图将这个程序倒过来的品牌——它们试图先用大量的广告让品牌非常出名，然后用公关建立公司的可信度。

eToys 的悲剧

另一个被广为报道的失败案例是 eToys。eToys 创建于 1997 年，很快它把收入的 60% 多投在了广告上。公司在 1999 年 5 月上市，第一天市值就达到了 77 亿美元，比它的实体店对手玩具反斗城（Toys "R" Us）还高 35%。那年的圣诞节期间，eToys 投入了 2 000 万美元进行了一次精心筹划的广告活动。

15 个月后，这家公司破产了。曾经价值几十亿美元的 eToys 的存货、设备、家具、固定资产、商标和域名最后只值 1 000 万美元。

另一个试图通过广告建立互联网品牌的玩具零售商是 Toysmart。即便是向迪士尼公司出售股权获得了 5 000 万美元，Toysmart 也只撑了 482 天。它花了 2 100 万美元来推广一个"好玩具"广告活动。

这种做法的问题是广告过早出现。Toysmart 网站可能需要多年甚至几十年的公关，来建立它是唯一一个拒绝销售有害玩具或像 Pokemon 那样流行一时的玩具的地方。凭此建立品牌，这需要媒体的全力支持。

美国价值网站的灾难

美国价值（Value America）网站是一个网上百货店，它是又一个试图通过广告进入消费者心智的网络公司。这个网络公司在 1997 年 10 月成立，它的计划庞大却糟糕。年底的时候，它的创办人吹嘘说美国价值网站将在今后的 18 个月里投入 1.5 亿美元的广告费用。

6个月后，美国价值网站在《华尔街日报》《纽约时报》《今日美国》上登出了整版广告，同时还在大多数主要市场的行业出版物、电台甚至电视台做广告。仅1999年一年，该网站在广告上就投入了6 000万美元。那一年，美国价值网站销售收入1.83亿美元，亏损1.44亿美元。

大量的广告费用和虚弱的品牌名是个致命的组合。只有当你处在垄断地位时，它才会生效。存在真正竞争的地方，你需要找到最合适的名字，然后必须保存广告资源，直到你能建立品牌可信度。

1999年年底，新的管理层接管了美国价值网站。第一个任务是提出一个新的标识、一个新的网站设计和一个新名字。Value America.com想变成VA.com（VA.com暗示富有经验的管理或是弗吉尼亚州，这看起来无关紧要）。

2000年8月，公司破产了。

其他网络炸弹的灾难

你可能记不起网络公司曾经多么依赖广告来建立品牌。2000年超级杯赛期间播出的广告有2/3是网络公司的广告。

仅仅2000年一年时间，Art.com在广告上就花了1 800万美元，AutoConnect.com花了1 500万美元，CarsDirect.com花了3 000万美元，Living.com花了2 000万美元，Petstore.com花了1 000万美元，RealEstate.com花了1 300万美元，Rx.com花了1 300万美元。

你能记起任何一则网络公司广告吗？你记得上述任何一家网络公司吗？

"2001年网络公司广告的爆发，极大地损害了广告在这个国家CEO中的声誉。"《广告时代》总编兰斯·克雷恩（Rance Crain）写道："网络公司的广告是如此没有意义，如此没有品味，还很愚蠢，以至于动摇了公司领导关于广告可以帮助品牌产生力量的信念。"

网络公司的问题在哪里？没有意义，没有品味，愚蠢的广告？或者是当它们应该用公关建立品牌时却依赖了广告？

美国价值网站"火箭式"广告投放的最大问题之一在于缺乏灵活性。借助公关力量缓慢起步，在前进的过程中可以随时做出改变。尽管美国价值网站是一个卖各种商品的网站，包括办公用品、书籍、宠物用品、服装、专业食品、汽车和消费类电子产品，但其中大概 85% 的收入来自电脑和软件。美国价值网站需要一个更像 CompUSA 的名字。

（将来是无法预测的。我们曾经和一个英国的企业家交谈，他开办了二手书连锁商店。他算了算，估计销售中 80% 是小说，20% 是非小说类读物。他的判断非常正确，只是类别反过来了。80% 是非小说类读物，20% 是小说。）

沃尔玛 vs. 美国价值网站

把全球最大的零售商沃尔玛和美国价值网站做一比较。1962 年，山姆·沃尔顿在阿肯色州的罗杰斯市创办了他的首家沃尔玛折扣店。8 年后，有 18 家分店、销售收入仅 4 400 万美元的沃尔玛上市了。

在那 8 年里，山姆·沃尔顿为他的沃尔玛商店制造了大量的公关，但是在广告上花费很少。只有在公关让沃尔玛成为家喻户晓的名字后，公司才开始有效地使用广告费用。

这不是一个快速起步（美国价值网站）对缓慢起步（沃尔玛）的问题。一个公司应该以公众允许它的最快速度起步，但是你不能越过启动这个过程。

美国价值网站模仿沃尔玛缓慢起步的战略能成功吗？可能不会。公关的角度在哪里？这个网站出售各种商品，从热水盆到热巧克力混合料，从牙刷到高端电视。和亚马逊网站精装书降价 30% 的单一信息不同，美国价值网站没有具有公关价值的信息。它只是又一个什么都卖的互联网网站。

今天如果你要推出一个新品牌，你需要能引起媒体关注的信息。无论你的产品或服务有多好，没有公关，你的新品牌就会失败。有一个更好的产品或更好的服务是不够的，你需要一个更好的公关概念。

有时甚至一个更好的公关概念还不够。Webvan 是个杂货递送网站，在它短暂的生命中，它制造了大量的公关，其中 99% 是有利的。

但是一个以超市价格销售杂货并且免费递送的公司如何赚钱的呢？即使受到公关支持，愚蠢的概念还是愚蠢的。愚蠢概念没有未来。

我们曾经为两个互联网公司提供战略咨询，它们都违反了"公关第一，广告第二"的根本原则。两个公司都有实力雄厚的公司支持，两个都成了营销灾难。

WingspanBank.com 的失败

WingspanBank.com 是这两家网络公司中的一个，1999 年 6 月创办，它进行了大规模的报纸、电台和电视广告的投放。

我们曾警告它，在建立可信度之前不要做广告。它没有听取我们的警告，据当时的媒体报道，它花了 1 亿 ~ 1.5 亿美元推出网站。

这不是个好主意。一个银行如果想成功，它需要消费者的信心。你可能冒险尝试一家餐馆或一个洗衣店，但不会是个银行。

"第一银行集团（Bank One Corporation）承认它大力吹捧的 WingspanBank.com 是个失败，"《华尔街日报》报道，"它计划把有两年历史的纯网络银行归并到它的其他在线银行服务中。"

太糟糕了。还是有机会用更低的服务费和更高的储蓄利率建立一个纯网络银行，但是这不能通过广告实现，它只能通过公关实现。

HomePortfolio.com 的垮台

另一个走向灾难的例子是 HomePortfolio.com。在听到我们用公关开始项目的建议后，两个创办人看起来急于离开。没错，一周后，我们看到整版的报纸和杂志广告在宣传该网站。

15 个月后，HomePortfolio.com 关闭了它的零售业务，转变成为在线设备市场的软件供应商。这不是小本经营，HomePortfolio.com 曾经得到超过 5 000 万美元的资金支持。

我们认为 WingspanBank 和 HomePortfolio 是被广告主导式思维扼杀的典型。作为营销顾问，我们不能透露我们提出的特别建议，但是你可以肯定的是应该主要依靠公关。你必须在发动广告攻势前先打赢公关战。

如何打赢公关战？

你要在消费者心智中建立一个你能成为第一的新品类，然后保证这个新品类有一个激励因素，鼓励预期消费者从旧品类转到新品类。

说起来简单做起来难。传统营销哲学和建立新品类的观念背道而驰，一个营销人员通常问的第一个问题是"市场容量多大？"

对一个新品类而言，它的市场容量是零。

Garden.com 的倒塌

说说 Garden.com，又一个和 HomePortfolio.com 差不多同时代繁荣、凋零和灭亡的网站。园艺市场的容量有多大？

园艺是美国人最流行的爱好。它是个每年高达 470 亿美元的市场，大概是图书业务的两倍。如果 Garden.com 能分得 5% 的园艺市场，它的年收入就有 23 亿美元，比亚马逊的图书业务还要大。

凭借这些数字，Garden.com 吸引到 1.06 亿美元的风险投资，一点也不奇怪，但一点儿忙也没帮上。截止到 2000 年 11 月该网站关闭，它也没能解答如下问题：我为什么应该在 Garden.com 上购买园艺用品？

普遍的观点是这些网络公司都是因为做了糟糕的广告而倒闭的。但是这不合情理，一个广告公司为什么要对自己说"它是网络公司，我们就随便弄出一个广告吧"？

一个更可信的观点是：网络公司广告不比一般广告好或差，但是因为网络公司是新品牌，广告是个完全不合适的载体。

做得好的网络公司

很多网络公司死掉了，但是也有不少活下来了，而且活得很好，苗壮成长。成功的网站首先都处在一个新品类，这些新品类和强有力的激励因素联系在一起能产生足够多的有利公关。

- 美国在线（American Online）不是第一个互联网服务提供商（ISP），但是由于公关的慷慨帮助，它是第一个进入潜在消费者心智的 ISP。此外，1996 年 12 月 1 日，美国在线首次推出了固定收费服务，这是个有力的激励因素（起初这个服务定价是每月 19.95 美元。现在是每月 23.90 美元）。

- 亚马逊不是第一家互联网书店（第一家是 Powell.com），但是亚马逊第一个进入了消费者心智，而且它有 30% 的降价作为有力的激励因素。

- 巨兽网（Monster）可能不是第一个互联网招聘网站，但是它第一个进入了消费者心智。此外，网站上列出的 80 万个职位是一个有力的激励因素。

- 易贝网（eBay）是第一个在线拍卖网站。它有 2 900 万的注册用户，提供几百万件的物品，它的激励因素是规模和实力。

- Priceline 是第一个对机票和酒店价格"可以讨价还价的"网站，它的激励因素是使用该网站能省下相当多的钱。

- Travelocity 和 Expedia 不是第一个在线旅游网站，但是它们第一个进入了消费者心智，它们的激励因素是能在网站上找到价格和行程对比。

市场容量有多大？当你在寻找一个新品类并准备第一个进入的时候，这不是个开始的好问题。

开始的问题应当是：我们能创建什么新品类？那个新品类有公关价值吗？我们可以利用哪个角度去激励潜在消费者喜爱这个新品类？

进入一个现有市场的问题是这个市场已经被别人占据。碳酸饮料市场、啤酒市场、伏特加市场都是巨大的市场，但是它们被可口可乐、百威和斯米诺占据。

当你确实发现了一个可以第一个进入的新品类和一个有力的激励因素时，我敢保证，广告人会立刻出现并向你提供帮助。那时你必须清醒地意识到：广告存在重大缺陷。

广告和可信度

当地一家餐馆在它的滚动字幕上宣传"世界上最精致的食物"，这里就有可信度问题。这就像价值数十亿美元的公司花了 200 万美元在超级杯的广告短片中播出自己的广告一样，虽然它可能还没有意识到，但也存在着同样的问题。

夸张的陈述和过度的播放量是导致广告效果下降的因素，但可信度却是最根本的问题。无论广告多么有创意，无论媒体多么合适，就是没办法解决可信度问题。

广告信息被认为是单向、有偏见、自利并且以公司取代消费者作为其主导的。问问你自己，你相信在广告中读到的东西吗？大多数人不会。结果，大多数人不读广告，也不太注意电台和电视商业广告。

实际上情况比这更糟。在某种意义上，每个广告信息暗示了和广告主的意图相反的东西。在某些情况下，这种"相反的暗示"很强烈，以至于广告实际上非但没有帮上忙，反而损害了广告主。

一个海产食品公司的广告说："检测表明超级海产品（Super Seafood）食用绝对安全。"读者会怎么想？"人们肯定吃了超级海产品后生病了，否则它们不会播出那样的广告。"

改正错误

谁播出了这个广告："改正错误。我向你保证，当你买轮胎时，你不仅仅是买橡胶和钢铁，你需要信心，你的轮胎会让你安全到达目的地。你的安全是我们最关心的。"

它不是固特异（Goodyear）、固特奇（Goodrich）或米其林（Michelin），它们不需要播出关于安全的广告，公众没有理由认为它们的轮胎不安全。

播出"改正错误"广告的是凡士通（Firestone）⊖。但是由于大范围的公关，你早已经知道那一点了。

"轮胎踏面不合格导致召回650万个凡士通轮胎，"《纽约时报》的一篇文章标题说，"面临50宗起诉，46人死亡，80人受伤和联邦调查，公司说它将免费调换还在路上行驶的650万个轮胎。"

天真遍布广告界的现象很严重。50宗起诉，46人死亡，80人受伤和联邦调查后，通过播放一个"改正错误"了的广告，述说不要担心凡士通轮胎的安全，就能解决凡士通的问题吗？

当然，凡士通广告的暗示就是相反的。"它们肯定担心凡士通轮胎

⊖ 轮胎名。——译者注

的安全，否则它们不会花几百万美元播放关于那个主题的广告。"

质量第一

10多年来，福特一直说："质量第一。"消费者会相信福特制造出质量优于竞争对手的汽车吗？调研表明不会。在大型汽车制造商中，福特在质量上排名最低。

根据 J.D.Power & Associates 公司最近的调研，在14个不同汽车和卡车品类中，福特没有一个品牌在"基本质量"上排在首位。在同一个调研中，福特品牌在"客户服务"方面得分低于平均水平。福特品牌也没有在"销售满意"方面进入前10名。

这个信息（质量）可能是正确的，但是信息载体（广告）是错误的。广告没有可信度。广告不可信是因为消费者认为它有偏见，广告是卖方的声音。对潜在顾客而言，广告缺乏客观性，一个消费者不能独立证实广告所说的话是否正确。

广告中有太多夸大的广告语，以至于大多数人相信所有的广告都是"吹捧"。一个涉及夸大广告宣传的法律案件中，通常的辩护把它们辩称为"正常的广告吹捧"。

你的安全是我们最首要的考虑

当谈到福特的探险者翻车问题时，福特和凡士通一样天真。福特播出的广告说："你的安全是我们最首要的考虑。我以个人名义向你保证，在每一个召回的轮胎都调换好之前，福特公司里没有人会休息。"福特汽车公司总裁兼 CEO 雅克·纳赛尔（Jacques Nasser）为这个广告签了名（后来雅克·纳瑟尔本人也被替换了）。

凡士通和福特本应该怎么做呢？

什么都不做。它们唯一的希望就是随着时间的推移，轮胎的消费者会遗忘。如果凡士通能等足够长的时间，消费者是会遗忘的，时间会抚平一切伤口。在这种情况下，播出广告就像是火上浇油。它是在提醒消费者公司存在安全问题，这只会让问题更严重。

当一家航空公司失事了一架飞机后，它会很快撤下所有的广告并保持至少一个月不上广告。它肯定不会播出广告说："我们加强了维修力量。"

相反的暗示

不仅是 CEO，名人、电影明星和政客也时常没有考虑到他们言辞中所含的暗示。当美国历史上唯一一个辞职的总统里查德·尼克松说"我不会辞职"的时候，每个美国人都知道，他会。

当尼克松说"我不是骗子"时，你认为人们会怎么想？（他欺骗了大家。）没错，就是这么想的。

当乔治·布什说"你仔细听好了，没有新的赋税"时，你认为人们会怎么想？（肯定会有新的赋税了。）没错，就是这么想的。

当比尔·克林顿说"我和莱温斯基那个女人没有性关系"时，你认为人们会怎么想？（肯定有。）没错，就是这么想的。

当费南多·德拉鲁阿（Fernando de la Rua）向世界保证阿根廷肯定会履行债务时，你认为金融界会怎么想？（金融界是对的。）没错，就是这么想的。

广告说："大降价，我们店里的所有东西都打五折。"这里面的暗示是什么？没错。人们会认为你平时的价格太高了，是在欺骗消费者。

广告的暗示

如果提前两周预定并在周六过夜就能省很多钱。这样的航空广告承诺其含意是什么？没错。人们会认为航空公司平时收费太高，欺骗了消费者。

当老爷车（Oldsmobiles）的广告说"这不是你父亲的老爷车"时，你认为汽车购买者会怎么想？没错。如果老爷车不都是老年人驾驶的，它们就不会那么说了。顾客说："我不想和我父亲开一样的车。"结果，它的销量下降了15%。

老爷车广告活动具备了一个好广告活动应该具备的所有东西。它是个成功的创意，它有很多谈论价值，它成了大众文化的一部分。它做了除销售之外的所有事情。

你认为沙特阿拉伯国王法赫德如何？沙特阿拉伯花了上百万设计广告活动支持他的声誉，包括在新闻周刊上刊登12页的彩色广告。

封面引用了乔治·布什的话："一个特别合作、坚决、有原则的君王，他是个伟大的人。我是他的私交，以最尊敬的方式认识了他。"

你认为法赫德国王如何？大多数人认为他是一个集权主义领袖。那个12页的广告会改变这种认知吗？我们很怀疑。

当你碰到一个十几年没见的人，他说："你看上去好极了。"你会怎么想？没错，你会对自己说："我肯定看上去很糟糕。"

美国广告代理商协会主席说："我们事业最基本的原则是做更好的广告，卖更多的产品，建立更好的品牌，获得更多的收益。但还是有越来越多的客户正在对我们行业失去最基本的信任。"你认为管理人员会怎么想？没错，广告业一定陷入麻烦了。

美国广告代理商协会主席继续表达他的想法："人们看待广告与我认为的不太一样。我认为它是一个最有力的工具，能产生有利的销售增长并增加品牌价值，这反过来应该更大幅度地为客户盈利。"

你仔细听好了，"广告是一个能产生有利的销售增长并增加品牌价值的最有力工具"。没错，广告业肯定陷入困境了。

当广告人吹捧广告的价值时，他们和广告本身一样掉入了陷阱。

他们的话语暗示着相反的东西。

"广告业陷入了困境。我们必须向客户保证,广告仍然是它们建立品牌最有力的工具。"

但是广告在美国公司的会议室里遇到了麻烦。这正是美国广告代理商协会领导关于这个主题发表言论的确切原因所在,也是美国广告协会推行"伟大品牌"宣传活动的原因所在。

当广告业开始吹捧自己时,你知道广告业陷入了困境。《纽约重案组》中扮演安迪·西波维茨(Andy Sipowicz)探长的丹尼斯·弗朗兹(Dennis Franz),出演的 Nextel 电视商业广告就是一个好例子。

"我不拍商业广告,"弗朗兹先生对着 Nextel 的话筒抱怨,"它们都是不诚实的,它们说谎。我应该叫卖一些我甚至从来没用过的东西吗?不会的,我不会拍广告。"(背景中,厨房的一角有一个电视屏幕,上面正在播放一则 Nextel 商业广告,这是能暗示它是一则 Nextel 广告唯一的线索。)

另一个说明广告陷入严重困境的信号是资金从广告转移到了促销活动上(同时包括消费者和买卖)。在包装好的成品商品这个长期的广告堡垒上,广告在营销预算中的比例从 1977 年的 60% 降到了今天的30% 左右。

因而各公司开始背负起寻找替代媒体的压力。

寻找替代品

对替代媒体兴趣的加强是说明传统广告业陷入困境的另一个信号。客户跳出印刷和广播媒体,想出了一些稀奇古怪的方法来花费他们的广告预算。

充气飞艇现在最受欢迎。固特异和大都会人寿保险公司(MetLife)

首先使用广告飞艇，现在它被很多公司使用。埃森哲（Accenture）、百威、CDW 电脑中心、地平线蓝十字蓝盾（Horizon Blue Cross/Blue Shiels）、胡德（Hood）、巨兽网、Izod、马自达和三洋，这些还仅仅是现在使用充气飞艇的公司的一部分。

大概每年花 300 万美元，你的公司就可以把信息放在一个充气的广告牌上。广告飞艇不仅仅是美国现象，全世界的公司都在使用，包括西班牙的发格（Fagor）、德国的利勃海尔（Liebherr）和新加坡的星和（StarHub）。

除了在运动场上漂浮的广告飞艇，你还可以用你的名字来命名运动场。下面是一些近期的交易，罗列了运动队、持续时间和价格：

- 阿德尔菲亚竞技场（Adelphia Coliseum），田纳西泰坦队（Tennessee Titans），15 年，3 000 万美元。

- CMGI 体育场，新英格兰爱国者队（New England Patriots），15 年，1.15 亿美元。

- 康柏中心（Compaq Center），圣何塞鲨鱼队（San Jose Sharks），15 年，4 900 万美元。

- 安然棒球场（Enron Field），休斯顿太空人队（Houston Astros），30 年，1 亿美元（后来太空人队付了 210 万美元取消这个体育场的交易）。

- 爱立信体育馆（Ericsson Stadium），卡罗莱纳黑豹队（Carolina Panthers），10 年，2 000 万美元。

- 联邦快递球场（FedEx Field），华盛顿红肤队（Washington Redskins），20 年，2.05 亿美元。

- 亨氏球场（Heinz Field），匹兹保钢人队（Pittsburgh Steelers），20 年，4.57 亿美元。

- 景顺球场（Invesco Field），丹佛野马队（Denver Broncos）, 20年，1.2 亿美元。

- MCI 篮球场，华盛顿奇才队（Washington Wizards），20 年，440 万美元。

- 太平洋贝尔橄榄球场（Pacific Bell Park），旧金山巨人队（San Francisco Giants），2 年，5 000 万美元。

- 飞利浦篮球场（Philips Arena），亚特兰大老鹰队（Atlanta Hawks），20 年，2 亿美元。

- PSINet 橄榄球场，巴尔的摩乌鸦队（Baltimore Ravens），20 年，1.05 亿美元（当 PSINet 破产后，乌鸦队用 590 万美元买回了冠名权）。

- 高通橄榄球场（Qualcomm Stadium），圣地亚哥电光队（San Diego Chargers），20 年，1 800 万美元。

- 雷利昂体育场（Reliant Stadium），休斯顿德克萨斯人队（Houston Texans），30 年，3 亿美元。

- 塞菲科球场（Safeco Field），西雅图水手队（Seattle Mariners），20 年，8 000 万美元。

- 塞维斯冰球场（Savvis Center），圣路易斯蓝调队（St. Louis Blues），20 年，7 200 万美元。

- 斯台普斯中心（Staples Center），洛杉矶湖人（LA Lakers），20 年，1 亿美元。

如果你不想买下整个体育场，你可以花一大笔钱给比赛冠名。现在，我们有 AXA 自由杯橄榄球赛、第一资本（Capital One）Citrus 杯橄榄球赛、Chic-fil-A 桃子杯橄榄球赛、康丽根（Culligan）假日杯橄榄球赛，联邦快递（FedEx）橙子杯橄榄球赛，SBC 棉花杯橄榄球赛和立体脆嘉年华（Tostitos Fiesta）杯橄榄球赛等。

符合逻辑的下一步是给球队命名。据报道，联邦快递出价 1.2 亿美元把其家乡新的 NBA 球队命名为孟菲斯联邦快递队（Memphis Express）。自然，它们希望球队服装用联邦快递的颜色，橙色和紫色。NBA 不同意，但是以公司名字命名的运动队肯定会出现。讽刺的是，NBA 最初在韦恩堡的球队，即现在的底特律活塞队（Pistons），是以佐勒活塞公司（Zollner Piston）命名的。

接着就有了"队医"。有些医疗组织每年花费高达 150 万美元，从而成为一个大联盟棒球队的医护赞助商。25 个俱乐部有了医护赞助商，5 个有独家协议。

个人运动似乎和团队运动朝着同一个方向发展。比如在 NASCAR 中，车和车手都会带有惊人的广告数量。一辆车可能带有 20 个赞助商的标识。车手在获胜后离开车子前做的第一件事是拿着赞助商的饮料、赞助商的太阳眼镜和赞助商的帽子。

将来，你可能会在路上看到跑车类型的广告。一种叫车辆包装的新技术能让一层颜色鲜艳的乙烯树脂包裹在一辆普通汽车上。像通用磨坊（General Mills）和宝洁这些广告主将每月支付 250 美元让人开着包有广告的汽车在城市中行驶。

今天无论你开车到哪里，都无法避开广告的影子。越来越多的加油泵和 ATM 机带有广告信息。

甚至你居住地的购物中心也可能接受赞助。"发现"（Discover）购物中心是亚特兰大外围的新购物中心，是由"发现"信用卡赞助的。

接下来还有"隧道内"的广告，这是一个从欧洲兴起的新奇而且快速成长的现象。阿迪达斯和可口可乐通过英国一家公司 MotionPoster 购买了布达佩斯和雅典之间的地道的空间。MotionPoster 公司拥有在法兰克福、慕尼黑和首尔安装隧道系统的合同。

隧道内的广告用一系列的照明标识，从一辆高速行驶的列车上向外看时，看到的就是动画。这个效果和翻书页十分相似，和看一则30秒的电视商业广告没有什么差别。

你无法避开广告

无论到哪里，广告信息都在对我们进行轰炸。即便在飞机上，你也无法避开。飞机上的电视节目掺有广告，甚至机票夹上也有广告信息。现在的穿越航空（AirTran）夹有9页广告。巨兽网站甚至在芝加哥奥黑尔机场滑行跑道5英亩大的场地上刻上了公司的标识。

你在超市里无法避开广告。除了陈列、海报和货架优待券，你常常还能发现收据背后印有广告。

你在电梯里无法避开广告。越来越多的高层写字楼正在用可以赚钱的录像广告来替代花钱的马赛克。

你在洗手间里同样无法避开广告。很多俱乐部和餐馆在店内的门上印有广告。在加利福尼亚州展览会上，宝洁很用心地"装饰"了洗手间，意在说明其纸制品的优点。

你在海滩上也无法避开广告。新泽西一家名为"沙滩与广告"（Beach'n Billboard）的公司会把你的广告压印在沙滩上。花2万美元左右，你就能在一个月里每天获得半英里的海滩广告。

将来你可能无法在书中避开广告。意大利珠宝商宝格丽（Bulgari）委托畅销书作者费伊·韦尔登（Fay Weldon）写一本叫做《宝格丽关系》（*The Bulgari Connection*）的小说，书的封面上有一根宝格丽项链，它将在小说的情节中扮演主要角色。

"所谓的周边广告正在暴增，"《时代》杂志说："公司避开传统的大众媒体，试图在消费者工作、购物和玩的地方接触消费者。"

广告主争夺着新电视剧中的角色，在停车场的水泥挡板上喷涂它们的信息，寻求把产品广告插播在重播电视中的许可，就像它们现在在很多棒球电视转播上做的那样。同时它们还花钱在电影中插入产品广告。

本田汽车花了大约 400 万美元赞助《脉动：一次跳着踢踏舞的长途冒险》(*A Stomp Odyssey*)，这是一个为 IMAX 剧院拍摄的大幅电影。辉瑞（Pfizer）制药公司也以它的 Certs 品牌的名义赞助了一部 IMAX 电影。

为什么这么多的广告主在寻找替代媒体？事实很简单，传统广告做得不是很好。如果它们做得足够好的话，你就不会看到充气飞艇、沙滩、洗手间或书上的广告了。

仅有好的产品或服务是不够的，有一个好的价格也是不够的。今天你要成功，就必须创建一个更好的品牌。品牌是什么？品牌是潜在顾客心智中的一个认知。

认知是一切，广告被认为是建立一个更好认知的唯一方法。这或许不正确，但这就是人们心智中的认知。

一个更好的替代品

这个更好的替代品就是公关，或者用从业者的习惯叫法来说，是 PR 或者公共关系。

无论你如何称呼这个功能（公关或公共关系），目标是一样的，通过媒体等第三方途径，间接讲述你的故事。

公关有很多劣势。你不能控制内容，不能控制时间，不能控制信息的视觉表现，你甚至不能肯定你的信息是否会被传达。

但是公关的一个优势能弥补它的劣势。公关有可信度，广告则没有。人们相信他们在报纸或杂志上读到的或在电台听到或电视上看到的东西。

消费者是愤世嫉俗的、怀疑的、谨慎的。当广告量逐步上升时，他们会转向独立的第三方，从那些提出建议的权威来源——朋友、亲戚、邻居，当然还有所有各种媒体来获取信息。

他们很少看广告。

任何广告项目最大的问题就是可信度。一条广告对于普通人来说并不具有多少可信度。消费者认知中的广告和广告的实质是一样的——广告是一条和实际有偏差的信息，它由一个从消费者的消费中获利的公司买单。

THE FALL OF ADVERTISING & THE RISE OF PR

第 2 章

公关的崛起

The Rise of PR

第三方的力量

威尔·罗杰斯（Will Rogers）⊖说："我所知道的就是我在报纸上读到的。"这是真的，大多数人只"知道"他们在媒体上读到、看到、听到或者从他们信任的人那里了解到的东西。

生活是复杂的。谁有时间自己去检查他可能要购买的产品和服务的质量与特征呢？我们让自己接受媒体的指引。

谁制造"最好"的汽车？问普通人这个问题，通常得到的答案是奔驰。然后问，你有一辆吗？没有。你曾经开过这种车吗？没有。你知道谁有这种车吗？不知道。

那么你如何知道谁制造最好的汽车？你必须变得像威尔·罗杰斯或杰瑞·宋飞（Jerry Seinfeld）⊜那样幽默地去承认明显的事实。"我在报纸上读到的就是我所知道的。"

大多数人根据别人认为什么是最好的来决定什么是最好的。做出那个决定的两大主要来源是媒体和口碑。

活在当代社会中，你不能只用你自己的眼睛和耳朵来观察现实，你必须依靠居于你和现实之间的第三方的眼睛和耳朵。媒体是给大多数生活添加意义的关键联系。

没有媒体提供的信息，你就无法参与到一个资本主义社会的政治或经济生活中去。你可能不相信你在报纸上读到的一切，但是你受媒体的影响是巨大的。

和新闻媒体相比，广告的可信度几乎为零。假设给你一个选择，你可以在报纸或杂志上刊登广告，或者我们将你的故事写成文章刊登。有多少公司喜欢用广告而不用文章？

没人会这么做。广告没有可信度。

⊖ 幽默大师。——译者注
⊜ 喜剧演员。——译者注

有些公司甚至尝试播出内容看上去像评论的广告。但是这个有效的策略很快受到了出版商的阻止，它们在该页标上"广告"这个恐怖字眼，这个词大幅降低了这个信息的读者人数和它的可信度。

诚实地想想，你如何阅读一份报纸、杂志或观看一部电视剧？你不区别对待评论和广告吗？你不是只在发现内容特别有趣时才看广告吗？即使在那些时候，你不是本着很多怀疑的态度看广告吗？

一份典型的报纸由30%的编辑内容和70%的广告组成。你的大部分阅读时间是花在什么上面？对一个普通人来说，社论就像是存在于一片偏见海洋中的客观公正的岛屿。

广告肮脏的小秘密

里吉斯·麦克纳（Regis McKenna）是著名的营销顾问，10多年前，他在《哈佛商业评论》中这样写道："我们正在见证广告的过时……第一步，广告过度的杀伤力开始反弹到广告自己身上……广告衰败的第二步发展趋势是第一步的结果：一则广告激增并变得更加令人讨厌地纠缠不休，消费者开始对它厌倦。广告越是设法入侵，人们越是设法排斥它……这些因素背后的根本原因是广告肮脏的小秘密：它达不到有用的目的。"

据报道，微软花了10亿美元广告费在全球推出 Windows XP。但是是什么激励潜在消费者放弃 Windows98、Windows Me 或 Windows 2000 而使用 Windows XP 呢？肯定不是他们在广告中看到的东西。他们将根据在媒体中播出的成千上万的公关故事做出决定。

"甲骨文将运行你的网站，"《华尔街日报》的整版广告说，"比 IBM 或微软快三倍。"当普通读者看到这个甲骨文的广告信息时，你认为他会怎么想？

人们会想"这肯定是个噱头"。

当甲骨文继续说"否则，我们将给你100万美元"时，你认为一般读者会怎么想？

"现在，我知道这个噱头了。拉里·埃利森（Larry Ellison）$^{\ominus}$不会把100万美元送人，除非是给他自己。"

假设这是真的。假设甲骨文会以比IBM或微软快三倍的速度来运行你的网站没有噱头，你还会相信甲骨文的广告吗？

当评价像甲骨文这样的信息时，读者总是会寻找漏洞。最后的漏洞总是，"我怎么没有在编辑版面读到这个呢？如果甲骨文的声明和宣传是真实的，那么肯定会有人写一篇报道。"

一个印刷广告或电台（电视）广告要生效，通常需要外部的确认。这个信息必须是潜在顾客自己在媒体中听到过的。

照我说的做，不要照我做的做

讽刺的是，美国的广告代理机构，那些忠于"广告建立品牌"的人，几乎不为他们自己做广告。相反，他们非常依赖用公关来建立自己的品牌。他们在行业刊物，特别是《广告时代》和《广告周刊》上大量刊登作品案例。如果没有奖项，无论是多么微不足道的奖项，那些广告代理机构都不会有生意。

我们翻阅了连续五期的《广告时代》，除了一些寻求帮助的分类广告，没有发现一个为广告公司做的广告。

看来"照我说的做，不要照我做的做"是广告公司的座右铭。他们把广告卖给别人，但是他们不为自己买任何广告。

除了行业刊物，广告公司还在五大报刊媒体上——《华尔街日报》《纽约时报》《今日美国》《洛杉矶时报》和《芝加哥论坛报》——为自己大力寻求公关和广告宣传。今天，公关是广告公司的法宝。

$\ominus$ 甲骨文公司CEO。——译者注

如果你不相信为自己做的广告，如何相信为别人做的广告？广告，成就伟大品牌的途径。除了广告代理机构的品牌之外。

可能像广告代理机构那样的专业服务公司不需要广告。可能它们的名声足以给它们带来生意。或许没错，但是广告代理机构可以毫无困难地向像普华永道（PricewaterhouseCooper）、毕马威（KPMG）、德勤（Deloitte&Touche）、安永（Ernst & Young）和安达信（Arthur Anderson）这样的大型专业公司建议投入巨大的广告预算。

（安达信公司刊登的广告会拯救公司吗？别指望了。）

以公关为目的的广告

很多广告公司也为客户发起广告活动，主要目的是制造公关而不是销售产品。最好的例子是苹果麦金塔（Apple Macintosh）的商业广告"1984"，这个广告只在1984年棒球超级杯节目中播了一次。

说实话，如果你看过这个商业广告（作为那个星期天袭击你的237个信息之一），在一天后你还能记得吗？一周后呢？一年后呢？

今天人们还记得那个电视商业广告是因为在媒体中出现了很多报道，公关让这个广告容易记忆。没有公关，苹果广告可能又沦为一个平庸无奇的电视商业广告。

（顺便说一下，如果苹果广告是这么有效，苹果公司的麦金塔电脑为何没有和市场领先者戴尔、康柏、惠普及IBM并驾齐驱呢？）

广告公司喜欢能制造公关效应的广告，是因为公关效应对客户和对广告公司自己同样有利。在很多广告公司，广告只是带来公关宣传活动的鱼钩而已。

可能长期以来最有效地制造公关运动的广告宣传是由迈克尔·杰克逊1984年主演的百事可乐系列广告。百事有幸，迈克尔·杰克逊在拍摄广告时突然头发着火，媒体发狂了。头发着火制造的公关给百事可乐带来的利益多于任何电视商业广告。

三年后，可口可乐带着超级麦克斯（Max Headroom）⊖回来了，一段时期里超级麦克斯成了《新闻周刊》封面和其他媒体上的小名人。

广告业曾被叫做"印刷的销售员"。这种观点认为广告是个代理销售员，它将品牌的特征和好处告诉潜在顾客，你不能责怪它们。今天广告的可信度太低，无法成为一个有效的销售员。

代替销售员地位的是谈论价值和公关价值的双重目标。广告公司想要发动能同时制造口碑和媒体说辞的广告活动。它们这么做的主要武器是震惊价值。

采用震惊疗法

如果人们不关注购买品牌的利益，那唯一可以依赖的就是震惊疗法了。动物、名人、半裸的人、性暗示、暴力以及任何能抓住观众注意力的形式，特别要抓住像《纽约时报》的斯图尔特·埃利奥特（Stuart Elliott）和《广告时代》的鲍勃·加菲尔德（Bob Garfield）这些广告专栏作家的注意力。

在玩震惊游戏中，没有人比意大利服装零售商贝纳通（Benetton）玩得更好了。一个牧师亲吻修女，一个垂死的艾滋病人，一个死因席上的犯人，一匹黑色的种马趴在一匹白色母马上，一个脐带完整的新生婴儿……这些只是出现在美国贝纳通的一些令人震惊的图像。广告让这个活动的创意人——奥里维埃奥·托斯卡尼（Oliviero Toscani）闻名世界（虽然贝纳通在欧洲获得成功，但是在美国遇到了问题）。

实际上，贝纳通有一个从未完全利用的有趣的公关概念。贝纳通大多数的服装颜色是中性的，可以迅速染色以满足需求（所以宣传口号是贝纳通的联合颜色）。一个以公关为主导的营销策划可能是建立贝

⊖ 计算机仿真人物。——译者注

纳通品牌更有效（并且更省钱）的途径。

欧托滋，一个不符合规则的例外

我们得面对现实，有些产品没有很多公关潜力。比如，在薄荷糖品类中，长期以来的领先者 Tic Tac 被"不寻常的强力薄荷糖"欧托滋（Altoids）所取代。

一个以公关为主导的营销规划能完成工作吗？可能不行。两美元一罐的薄荷糖里没有太多的公关潜力。相反，欧托滋用派样和印刷广告完成了工作。欧托滋的有些广告标题是："有真功夫的薄荷""虚弱的舌头不建议使用""薄荷如此强烈，它们不得不用金属盒子装。"

很有趣，欧托滋的广告活动没有使用那些成为麦迪逊大道礼节上的必要元素。没有动物、名人、半裸的人、性暗示。欧托滋就是回到了最根本的东西上：建立一个你能第一个进入的新品类（强力薄荷糖），然后给潜在顾客一个购买产品的理由（出奇的强劲）。

虽然欧托滋品牌不是靠公关建立的，但是这个品牌的成功制造了比较多的媒体关注。今天，成功和公关是联结在一起的，很难发现两者缺一的情况。

提醒者，不是理由

一则广告不可能成为产品被购买的理由，它只能是提醒者的角色。

这个提醒功能可能是重要的，但是只能在品牌用其他方法（通常是公关）建立起来以后（请看第 3 章的"维护品牌"）。

广告作为建立品牌的工具已经死亡，但是一旦通过公关建立品牌后，广告又有作为维护品牌的工具的第二生命。

建立品牌的途径是利用公关。

用公关建立新品牌

世界上报道最多的公司是哪一家？根据 Carma 媒体的分析，世界上报道最多的公司是微软。

微软只有 27 年的历史，但是微软已经成了世界上第二大最有价值的品牌，仅次于可口可乐。根据国际品牌公司的评估，微软品牌的价值达 650 亿美元。

广告建立品牌是一首被广告界学院派领袖们不断重复的营销颂歌。而且，伟大的广告能建立伟大的品牌。广告建立了微软品牌吗？

没有，绝对没有。如果微软在 27 年历史中没有推出一则广告或电视商业广告，会有人怀疑微软是世界上第二大最有价值的品牌吗？不会。

公司规模不能建立品牌

你可能会想，公共宣传也没有建立微软品牌。微软之所以是一个强大品牌，是因为比尔·盖茨建立了一个名叫微软的大型的、成功的公司。品牌的实力是否体现在规模上而非公关上？

我们不这么认为。你听说过康德乐集团（Cardinal Health）、德尔福汽车（Delphi Automotive）、英迈（Ingram Micro）、雷曼兄弟控股公司（Lehman Brothers Holdings）、麦肯森（McKesson HBOC）、信赖能源公司（Reliant Energy）、南方公司（Southern）、乐购（Tosco）、美国教师退休基金会（TIAA-CREF）或公用事业联合公司（Utilicorp United）吗？

这里的每一个公司都比微软大，但是没有一个建立的品牌能和强大的微软相匹敌。比如说美国教师退休基金会，2000 年公司收入 380 亿美元，相比之下微软是 230 亿美元。但是微软是一个品牌，美国教师退休基金会却是一个笑料。

公关建立品牌

大量的公关建立了微软品牌。我们很肯定你记得关于微软和微软产品的很多报道。Windows 95/98/NT/2000/XP、Word、Excel、PowerPoint、Xbox、.Net。但是你能记住一则微软广告吗？标题是什么？那个广告告诉你什么？特别是告诉你那些你之前所不知道的微软相关的事情了吗？

Windows 95 品牌的成功推出是怎么回事？你可能在想。你真的会认为是微软花在广告和促销上的 2 亿美元让 Windows 95 获得成功吗？或者是微软付给滚石（Rolling Stone）乐队 800 万美元为它们的电视广告买下的歌曲《从我开始》(*Start Me Up*) 的功劳？

是《从我开始》让人们在店外排队几个小时等候 Windows 95 在半夜的发行吗？不是。完全不靠广告，Windows 95 也会获得成功。是这个革命性的产品、媒体的不断报道和他们得出的结论——Windows 95 会成为 PC 的未来——让 Windows 95 成为超级明星。

为了推出 Windows XP，微软支付了麦当娜一小笔钱来购买她的歌《光线》(*Ray of Light*)。但是 Windows XP 的成功掌握在媒体手中，而不是在微软手中，也不在它的广告宣传手中。人们可能随着公关的摇摆来转换操作系统，而不是随着麦当娜音调优美的声音摇摆。

广告与建立品牌无关。建立品牌的是媒体信息，信息越多、信息越有利，品牌就越强大。

我们同时也注意到，公关把比尔·盖茨打造成美国最知名的公司 CEO 之一，明显不是广告把盖茨提升为一个强大的个人品牌名字。

建立 Linux 品牌

公关如何建立品牌的最好例子之一是 Linux。这是个从来没有做任何广告的品牌，因为它不属于任何人。Linux 是一个"开放资源"软件，程序员可以免费获取，他们可以查看源代码并根据需要修改。

作为品牌，Linux 在高科技领域有 99% 左右的认知度，而且它令其开发者莱纳斯·托维兹（Linus Torvalds）世界闻名。当它的主要竞争对手（微软）的首席执行官史蒂夫·鲍尔默（Steve Ballmer）攻击这个品牌是"从知识产权意义上说，它是把自己黏附到它接触的所有东西上的毒瘤"时，你就知道 Linux 品牌出名了。

（每个品牌都需要一个对手，这是营销的永恒定律之一。百事可乐有可口可乐作为对手；汉堡王（Burger King）有麦当劳作为对手；共和党有民主党作为对手。）

有一些所谓的非政府组织已经成功地用公关塑造了强有力的世界性品牌，其中包括绿色和平组织（Greenpeace）、世界野生动物基金会（the World Wildlife Fund）、动物保育团队（PETA）和国际特赦（Amnesty International）。

建立赛格威品牌

有可能在短期内完全不用广告建立一个非常知名的品牌吗？答案是肯定的。赛格威（Segway）超级滑板车生动地阐明了在建立品牌的策划中仅使用公关技巧的要素。

1. 缓慢积累。在产品真正推出前，为了建立顾客对产品的兴趣和悬念，而给媒体透露消息是绝对的关键所在。在代号"金杰"（Ginger）之下，赛格威超级滑板车在 2001 年 12 月正式推出前的几乎一年里，它成为媒体和网络上的报道主题。这个疯狂的行动开始于 2000 年 1 月。那时有报道说，一个作者签订一份 25 万美元的合同，他在书中详细描述了他新的但是仍然保密的发明。这本书的摘录发表在 Inside.com 上，进一步加深了神秘感。

2. 一个新的品类名称。媒体只想报道新的东西，而不是更好的东西。你要做的最重要的决定之一是如何称呼你的新品类。赛格威被称做"人类运输机"。这个品类名称不会长久，因为除了管道和货车车厢之外，所有的交通工具都能载人。我们认为，一个更好的名字是"陀螺滑板车"（gyro scooter）。

3. 一个新的品牌名称。说到挑选名字，大多数公司会犯以下两个错误中的一个：或者挑选一个品牌延伸的名字（柯达数码相机），削弱了新品类的重要性；或者挑选一个通用的品牌名称（乐趣存储照相机），削弱了品牌的重要性。赛格威没有犯这样的错误，它独立代表一个品牌名称（冰刀超级滑板车会是个品牌延伸的名字；旋转滑板车就会是一个通用的品牌名称）。

4. 一个有可信度的发言人。迪安·卡门（Dean Kamen）是赛格威背后的智囊，他是位科学家，也是个非常成功的发明家。他还发明了iBot——一个适合所有地形并能爬台阶的轮椅，用来减少动脉堵塞的心脏维管间支架 [被用在迪克·切尼（Dick Cheney）的心脏手术里]、便携透析机以及药物灌输机。

当赛格威最终被推出时，媒体对它大举报道。迪安·卡门首先出现在美国广播公司的《早安美国》上，并不断接受有关产品的采访。赛格威也出现在 CNN、NBC 的《夜间新闻》、CBS 的《晚间新闻》、ABC 的《今夜世界新闻》和大多数的本地新闻电台上。在互联网上，赛格威位列最流行的四个搜索项目之一，仅次于圣诞、Xbox 和哈利·波特。美国的每份日报上几乎都有关于赛格威的报道。

你可能会想赛格威和微软是高科技，那低科技含量的产品如何呢？如果广告不建立高科技品牌，它还是有可能在建立低科技含量产品品牌上发挥重要的作用。

建立红牛品牌

红牛是你能找到的一个低科技含量产品的品牌。1987 年，红牛在奥地利作为能量饮料推出，它是一种含有少量碳化合物，但富含大量草药、维生素 B 和氨基酸的调制饮料。

红牛几乎不做广告，但是有大量的公关和推销，它已经在全球获得了成功，并让公司创始人迪特里希·马特施茨（Dietrich Mateschitz）成为奥地利最富有的人。红牛 2001 年的全球销售额是 8.95 亿美元。

推动红牛公共宣传的一个事件是由于红牛某些成分含量过高而一开始在德国遭禁，结果每个德国青年都想尝试红牛（今天甚至有些人相信在德国销售的红牛不是正宗货）。

马特施茨的饮料是以他在泰国碰到的一种流行的健康补品 Krating Daeng [⊖] 为基础的，这证明你不需要发明就能致富、出名。你要做的就是识别一个潜在的好概念，建立一个新品类和新品牌名称，并让它们第一个进入消费者心智。

红牛的成功像是在美国软饮料集团的面前挥动了一面红旗。为了应对奥地利的威胁，它们推出自己的能量饮料。其中一些品牌是激情奔放（Adrenaline Rush）、安海斯－布希 180（Anheuser-Busch's 180）、亚利桑那极限能量（AriZona Extreme Energy）、蓝牛（Blue Ox）、能量炸弹（Bomba Energy）、黑狗（Dark Dog）、迪泽尔（Deezel）、升级（Energade）、能量燃料（Energy Fuel）、加速（Go Fast）、加油能量（Go-Go Energy）、汉森能量（Hansen's Energy）、大麻苏打水（Hemp Soda）、超级（Hype）、琼斯能量（Jones Energy）、魔力（Magic）、NRG Plus、美国大力骑士（Power Horse USA）、红色警戒（Red Alert）、Rx Extreme 和 XTO。

⊖ 泰语 "红牛"。——译者注

尽管有一群竞争对手，红牛还是占据了美国能量饮料市场70%的份额。在可预见的将来，红牛不太可能失去它的领导地位。

建立 Zara 品牌

世界上发展最快的时尚品牌是西班牙服装零售品牌 Zara。除了一年两次的店内全部商品特价活动之外，Zara 完全不做广告。但是2000年 Zara 在30个国家的500家店的销售额达到12亿美元（Zara 平均每星期开一家新店）。迄今为止，它只有少数店铺开设在美国。

像红牛一样，Zara 开始进行得比较缓慢。Inditex（Zara 的母公司）13年之后才在西班牙之外的国家开了第一家 Zara 店。像红牛一样，Zara 有一个独一无二的概念，Zara 是第一家采用"即时"战略的时尚零售连锁。不像其他时尚品牌通常从设计到出品要花9个月，Zara 把这个过程缩短到15天甚至更短。

此外，Zara 没有过量存货，减少了像典型百货连锁店那样经常大幅度降价的需求。小批量生产，如果产品卖不掉，生产就停止。一家典型的 Zara 店每周替换35%的商品。

Zara 革命性的概念创造了有利的公关，并赢得了忠实的顾客。平均一个 Zara 顾客每年光顾 Zara 店17次，而其他时尚连锁店的顾客平均一年只去3.5次。（有些西班牙妇女不再订阅时尚杂志，她们直接到 Zara 店里去看最新流行的是什么。）

阿曼西奥·奥特加（Amancio Ortega）这位不爱抛头露面的企业家拥有 Zara （和很多其他零售概念，包括 Massimo Dutti、Pull&Bear、Bershka、Stradivarius 和 Oysho），报道说他是西班牙最富有的人，净资产达到66亿美元。

广告无法替代公关

"可乐之王"推出了自己的能量饮料叫 KMX，没有任何特别的代表意义。拥有可口可乐这样有经验的营销部门，不受限制的广告资源和一些世界上最大最成功的广告公司的支持，KMX 会推翻红牛成为能量饮料的领导者吗？当然不能。

如果广告像它的鼓吹者宣称的那样强有力，那么 KMX 应该能轻松超越那个奥地利新秀。但是 KMX 完全没有机会，不管它的广告多有创意或者它投入的广告预算有多大。

就几年前，可口可乐试图用同样的战略推翻斯纳普（Snapple），后者天然品类的品牌建立几乎没有用到广告宣传。可口可乐花了几百万美元在美国推出水果国度（Fruitopia）饮品，这个失败品牌使可口可乐公司白费了很多金钱。

你听说过被一个高级的广告活动推翻的市场领导者吗？除了欧托滋薄荷糖，我们没听说过其他例子。

安飞士（Avis）的广告（安飞士是租车行业的第二位，那么为什么选我们？因为我们更努力）获得了大量的称赞，它推翻了赫兹（Hertz）在租车行业的领导者地位了吗？当然没有。

百事可乐商业广告获得了那么多奖（"百事挑战""百事一代"），百事推翻了可口可乐领导者的地位了吗？当然没有。

劲量小兔子广告造成的轰动，让劲量推翻了金霸王电池领导者的地位了吗？当然没有。

广告公司常常相信营销是广告战而不是产品战。当几年前，韦尔斯·里奇·格林（Wells Rich Greene）得到了皇冠可乐（Royal Crown）的广告业务时，公司创办人玛丽·韦尔斯·劳伦斯（Mary Wells Lawrence）说："我们要消灭可口可乐和百事可乐。我希望你原谅我的话，但是我们真的要直指它们的咽喉。"

被消灭的品牌只有皇冠可乐。今天它的市场份额只有韦尔斯·里奇·格林得到广告业务时的一半。

广告在建立品牌过程中没有真正起到作用。广告天生的角色是防御，只能在品牌建立之后保护品牌。

建立图书品牌

上次广告活动将一本书变成畅销书是什么时候？其实公关做到了，口碑有时也做到了，但是广告从来没有。

最近的畅销书比如斯宾塞·约翰逊（Spencer Johnson）的《谁动了我的奶酪》、杰克·韦尔奇的《杰克·韦尔奇自传》、罗琳（J.K.Eowling）的《哈利·波特》系列以及乔纳森·弗兰岑（Jonathan Franzen）的《修正》（*The Corrections*）都获得了大量的公关。

没有书像《哈利·波特》系列书那样得到那么多的公关了，销售表明了这一点。四本《哈利·波特》在美国共出版了 6 500 万册，令人震惊。

比如，弗兰岑的出版商在该书入选奥普拉·温弗瑞图书俱乐部后加印了 50 万册。多少黄金时间的电视商业广告抵得上奥普拉点个头？这个数字会吓人一跳的。

每一本在奥普拉当月图书俱乐部中推荐的书都上了《纽约时报》畅销书名单。最近几年，最畅销的 100 本书中有 42 本不是在她的节目中被提到过，就是作者接受过她的采访。菲利普 C. 麦格劳（Phillip C. McGraw）是奥普拉的人类行为学常驻专家，他著有三本成为《纽约时报》畅销书第一名的著作，其中包括《自我是重要的》（*Self Matters*）。

斯潘塞·约翰逊（Spencer Johnson）是《一分钟经理人》（*The One Minute Manager*）的作者之一，他是一个公关天才。在他的新书《谁动了我的奶酪》出版前，约翰逊花了几年时间给《财富》500 强公司的 CEO 和其他有影响力的公司寄送他的样书。

大公司很快对这个个人化服务做出反馈。夏威夷银行（Hawaii Bank）为它的员工订了 4 000 本。梅赛德斯－奔驰公司（Merdedes-Benz）订了 7 000 本。西南航空公司（Southwest Airlines）订了 27 000 本。这是缓慢积累技术的典型例证，今天这一点在公关活动中至关重要。

"它是一个非常慢而且普遍的现象，完全由口碑推动，完全不用传统的广告或营销。"约翰逊说。

当托尼·瑟普拉诺（Tony Soprano）在 HBO 连续剧《黑道家族》（*The Sopranos*）里告诉他的心理咨询师他喜欢看《孙子兵法》时，这本书在《今日美国》的畅销书排行榜上跃升为第六位。出版商不得不加印了 25 000 册这部有 2 400 年历史的书。

建立药品品牌

看看环丙沙星（Cipro）如何因炭疽病的公关而家喻户晓。万艾可（即"伟哥"）成了世界上销售最快的药，不是因为广告而是因为公关。止痛药万络、维柯丁（Vicodin）和奥施康定（OxyContin）也得到了大量的公关。

万艾可是第一种治疗勃起障碍或者说阳痿的药，百忧解是第一种治疗抑郁症的药，安定（Valium）是第一种治疗焦虑症的药，这些药品和其他的一些药品品牌成功地做了两件事而出了名：（1）成为一个新品类的第一；（2）大量利用公关。

处方药的公关通常涉及早期的公共宣传，有时在产品推出前几年就开始了。普可那利（Pleconaril）是第一种普通感冒药，最近它得到大量的公关。同样，柯耐尔（Xolair）作为第一种阻止免疫球蛋白（IgE）在哮喘病发时引发过敏反应的处方药，也得到了大量公关。

一个处方药在利用公关获得成功后，它可以转而让广告来维护它的成功。五种广告量最大的药品 [万络、抗溃疡药奥美拉唑（Prilosec）、抗过敏药克敏能（Claritin）、抗忧郁药帕罗西丁（Paxil）和降血脂药舒降之（Zocor）] 早已经位列十大畅销药之列了。处方药广告的任务不是让一种药成为畅销药，而是让它维持畅销药的地位。

公关也能被用来重建一个被新品牌超越的药物品牌。看看拜耳阿司匹林的成功。由于那些关于在心脏病突发时服用阿司匹林能救命的公关宣传，它最近开始东山再起。阿司匹林同时还从能预防心脏病突发和中风的宣传中受益。

建立玩具品牌

如果没有公关，就难以在今天建立一个成功的玩具品牌。有了公关，就没有什么是上限了。点心宝宝（Cabbage Patch Kids）、菲比（Furby）、天线宝宝（Teletubbies）、忍者神龟（Ninja Turtles）、恐龙战队（Mighty Morphin' Power Rangers）、豆宝宝（Beanie Babies）、巴尼娃娃（Barney）、宠物小精灵（Pokemon）——所有都是在公关浪潮中扶摇直上。看看芭比娃娃、大富翁游戏（Monopoly）和乐高游戏组合（LEGO sets）的后续公关。

1996 年，罗丝·奥多娜（Roise O'Donnell）通过在她的脱口秀节目中（自发无偿地）推销搔痒娃娃（Tickle Me Elmo），几乎只靠一只手就创造了全国性的对这个玩具着迷的情形。

当你研究一个公关活动项目的跟踪记录时，通常可以发现一个罗西现象，一个单一事件导致了公关的涌现。你无法计划这些神奇的时刻，但是当它们发生时你必须为它们做好准备。

你还必须准备好，你的公关可能会变得过于成功。

这是时尚和趋势的区别。起飞太快的品牌可能同样快速地瓦解。

它们是时尚，它们今天在这儿，明天就消失了。

趋势是不同的。它们生得慢，死得也慢。它们不像典型的时尚，具备公众关注度的爆炸。

你最不愿意做的事情是让你的品牌变成时尚。"再也没人去那了，"约吉·贝拉（Yogi Berra）说，"它太流行了。"

时尚发生了什么？它们来也匆匆去也匆匆。1983 年，科尔柯公司（Coleco Industries）推出了点心宝宝，用一个大型公关活动而没有用广告。在假期，顾客在店里争相购买洋娃娃。

科尔柯的反应是"更多"，更多产品，更多种类，更多分销点，更多公关。结果，两年后销售额上升到 6 亿美元。

第二年，点心宝宝的销售额下跌到了 2.5 亿美元。1988 年，科尔柯公司申请破产。

出了什么问题？科尔柯违背了时尚控制法则。你会因流行而获利，但也会因时尚而亏损。

ABC 的热门电视节目《谁想成为百万富翁》也犯了同样的错误。它在尼尔森排名上席卷前三名后不到两年，有消息说这个节目可能被取消。ABC 平均每周播出里吉斯·菲尔宾（Regis Philbin）的节目四次，那肯定足以毁了一个黄金时间节目，无论它多么受欢迎。一周一次，暑期休息就足够了。

广告人经常为更多广告而战，这是因为他们想让他们的信息提升到"在噪音层次之上"。在广告界，可能没有"广告太多"这回事。但是公关是不同的。

过多的公关可能和过少公关一样糟。为何芭比娃娃和米老鼠这种玩具注定永远和我们在一起，而点心宝宝和豆宝宝却在红极一时后注定要消亡？

一看到有成为时尚的潜在信号，你就要踩刹车，减少产量，减少分销点，并且不接触媒体。你要扩大接受率，把时尚转变成趋势。但是贪念通常在此时出现。

慢慢来

当然大多数公关项目从未靠近建立时尚这一步，能建立一个小趋势就是幸运的。有时候，把你的公关材料放到正确的人的手中要花点时间。当我们尝试把"定位"概念放到营销界的心智中时，我们以登在《工业营销》（*Industrial Marketing*）上的一篇文章开始，两年多以后，我们在同样的杂志上登了另一篇文章。（《工业营销》现在是 B2B 的杂志。）

一个事件导致另一个事件。这两篇文章带来了几场演讲，却还不足以让这个概念起飞。但是因为一个演讲（在纽约销售主管俱乐部中），我们受到了兰斯·克雷恩（Rance Crain）的邀请，为《广告时代》撰写一系列的定位文章。

那是个转折点，是这个题为"定位时代的到来"的系列文章让这个概念起飞。

不久《华尔街日报》登出了有关这个主题的封面故事；然后《洛杉矶时报》（*Los Angeles Times*）和世界上其他报纸和杂志跟着报道。从萌芽到起飞，时间超过三年。

1-2-3 方法

当你设法建立一个新概念时，在"1"和"2"已经发生并且"3"是你想要设法推进的概念的情况下，有时使用一个 1-2-3 方法是有用的。为了建立定位概念，我们做了以下三点。

1. 回到 20 世纪 50 年代，广告处于产品时代，那时你所需要的就是更好的机遇并需要一些钱去推进它。

2. 在 60 年代，广告进入形象时代。一个公司发现声誉或形象在销售产品中比其他任何特定的产品特性更重要。

3. 今天，广告进入了定位时代。要在我们传播过度的社会中获得成功，一个公司必须在潜在顾客心智中建立一个位置，这个位置不仅考虑一个公司的强势和弱势，还包括它的竞争者的强势和弱势。

（多亏了公关，我们成功地为我们的广告公司建立了"定位"的定位，但是我们犯了一个严重错误，没有走下一步。我们应该利用我们的公关妙计，放弃我们的广告业务并聚焦在战略上，这是定位的核心。但是，最后我们做了这一步并对结果非常满意。）

爱德维（Advil）在 1984 年的成功推出使用了相同的方法。爱德维信息展示了三种主要止痛药的照片，然后在每张上面标出推出的日期：阿司匹林，1899；泰诺，1955；爱德维，1984。然后强化爱德维是最新（大概是最好的）的止痛药的概念，广告使用的主题是"高级镇痛药"。

电信行业，特别是在欧洲，也对移动电话用了相似"进化代"（generational）的方法。1G 是模拟，2G 是数码，3G 将是网络接入电话。我们认为 3G 不会成为一块大业务，但是这个第三代概念的精神上的吸引是非常强大的。

盲目的信仰跳跃

创建新品类常常需要一个盲目的信仰跳跃，你必须相信成千上万未开发的品类正在等待着被发现。不幸的是，很多管理人员放弃寻找新品类。

他们设法把现有的品类整合成组合产品：电视和电脑，电话和互联网，互联网和电视，手提电话和手提电脑，打印机和复印机，扫描仪和传真机。

这个叫做融合的整合概念几乎得到了全球媒体的认证。如果每个人买了融合概念的单，那么通过创建新品类而创建新品牌的机会就会戛然而止。（这些3G电话是一个融合产品，这就是我们认为它们不会获得很大成功的原因。）

作为新品类（新品牌）方法的大力支持者之一，我们对建立相反的概念有既定的兴趣，我们称之为"分化"。

幸运的是，历史站在我们这边。主机电脑，这个建立IBM品牌的新品类，没有融合。它分化了，为很多新品类和品牌提供了机会：微型计算机（DEC）、工作站（Sun Microsystems）、电脑存储（EMC）、个人电脑（康柏）、直销个人电脑（戴尔）、个人电脑软件（微软）。

电视，这个建立了ABC、CBS和NBC品牌的新品类，没有融合。它分化了，为很多新品类和品牌提供了机会：有线电视（ESPN、CNN）、高级有线电视（HBO、Showtime）、卫星电视（DirecTV、EchoStar）。

不幸的是，迄今为止，我们无法让媒体站在我们这边。八年来，我们设法写一篇关于分化的文章，没能成功。所以我们不断尝试不同的方法，早晚我们会成功。

酝酿过程越长，故事就越大。一头大象从孕育到出生要两年时间。

佳洁士深层洁白牙贴的故事

宝洁在一个典型的营销项目中花了9 000万美元推出佳洁士深层洁白牙贴Whitestrips，其中4 000万美元花在传统电视和印刷广告上。

但是现在是公关时代，我们认为，宝洁犯了三个基本错误。

1. 用广告而不是公关活动推出深层洁白牙贴项目。公关当然毫无疑问地在牙贴活动中发挥了作用，但是当你以广告开始项目时就把公关赖以起航的风带离了。媒体看到产品的广告通常就不会播出关于产品的故事。

深层洁白牙贴的商业广告中不是信任度而是创意。广告公司总监解释了活动背后的概念："不想变白的东西因为碰了盒子而变白了。"商业广告表现了一只蚂蚁和一个蜥蜴爬过一个深层洁白牙贴包装而变成了白色。创意？对。可信吗？不。（动物的创意并没有延续很长时间，深层洁白牙贴已经回到了更多传统广告上。）

2. 使用品牌线延伸名称。佳洁士是一个牙膏品牌，把佳洁士名称放在新的深层洁白牙贴产品上对牙贴和牙膏都没有帮助。

像深层洁白牙贴这样革命性的发展应该需要一个新品牌名称。[李维斯·斯特劳斯（Levi Strauss）最初用"李维斯经典剪裁"（Levi's Tailored Classics）的名字推出了它的休闲裤，后来他们变聪明了，并把名字改成多克斯（Dockers）。]

一个词的名字比两个或三个词的名字容易记忆。如果消费者想要买一条休闲裤，他只要记住多克斯而不是李维斯经典剪裁。如果你想要买宝洁的新产品，你必须要记住两个名字，佳洁士和洁白牙贴。一个新品牌名称应该简化到一个词。

佳洁士是什么？佳洁士是第一种防止蛀牙的牙膏，也是第一种得到美国牙科协会（American Dental Association）盖章认可的牙膏。有利公关的大潮协助建立了品牌。

随着时间的流逝，品牌会退化。佳洁士必须用广告维持它的牙膏品牌。但是，大多数情况下，佳洁士用广告推出新的口味、新包装和新的品牌线延伸。这是佳洁士最近把它的牙膏领导地位输给高露洁的原因之一。

佳洁士的深层洁白牙贴不会让佳洁士夺回它的牙膏领导地位。

3. 没有给新产品一个有意义的品牌名称。当然深层洁白牙贴是一个宝洁的注册商标。为了回避商标法规，在 Whitestrips 名字（小字体）下面是这几个字：牙齿洁白系统。

消费者会用牙齿洁白系统这些字吗？不，他们不会。他们会把这个品类称为"深层洁白牙贴"。此外，竞争对手一旦搞懂如何回避宝洁的专利，它们就会马上推出增白牙贴、清洁牙贴、明亮牙贴和微笑牙贴等。

实际上，竞争对手的增白系列（但不是深层洁白牙贴类型的产品）早已经出现在市场上了，比如耀眼洁白（Dazzling White）、自然洁白（Natural White）、牙齿洁白（Dental White）、快速洁白（Rapid White）、最终洁白（Finally White）、音速洁白（Sonic White）和更多洁白（Plus White）。

然后有了同样混淆这个问题的牙膏洁白产品：超亮高级增白（Ultra Brite Advanced Whitening）、高露洁白金增白（Colgate Platinum Whitening）和佳洁士特别增白（Crest Extra Whitening）。

宝洁的牙齿洁白系列早晚会成为佳洁士而不是深层洁白牙贴。[米勒淡啤和佳洁士深层洁白牙贴掉入了同样的品牌线延伸陷阱。随着时间流逝，Lite变成了一个表示淡啤品类的通用词语，品牌的身份成了米勒，因而导致和其他米勒品牌的混淆。在佳洁士深层洁白牙贴身上也会发生同样的事情。]

品牌线延伸导致了两个问题：（1）它们模糊了品牌的单一身份；（2）它们削弱了基础品牌的广告支持。

一个没有公关潜力的品牌

想要推出的新产品或服务没有公关潜力会如何呢？很多营销人一旦发现自己倒霉地碰到一个被媒体避开的品牌，他就跳离了公关的花车。

我们没有选择，这是个借口，所以我们不得不用广告推出我们的新品牌。这是今天营销中最重要的问题：如何推出一个没有公关潜力或公关潜力很小的品牌。

可口可乐准备推出 KMX 品牌和红牛竞争时碰到的也是这个问题。当然可口可乐获得了一些 KMX 的公关，但是它不是非常有利。实际上，KMX 的公关可能对红牛的帮助超过对可口可乐的帮助。如果可口可乐正在推出一种能量饮料，这个品类必定变得重要，并且公司不得不担心是媒体对 KMX 推出的诠释让红牛成功。

如果有一个不是用广告建立品牌的例子，它就是可口可乐的经历。这个公司拥有全球最有价值的品牌，它的年销售额达到 200 亿美元，它在软饮料行业拥有最强大的分销网络，它也聘请了一些全球最有名望的广告公司。但是 KMX 肯定会成为可口可乐营销的又一件令人失望的事情。

在软饮料微小的市场里，第二位一无是处。除非你是一个新品类中的第一，否则很难获得媒体的关注。

在胡椒博士（Dr. Pepper）获得成功之后，可口可乐尝试推出派伯先生（Mr. Pibb），没能成功。

在百事公司的"激浪"（Mountain Dew）获得成功后，可口可乐尝试推出"迷人黄色"（Mello Yellow），没能成功。后来可口可乐尝试推出"巨浪"（Surge），这也没用。

在星巴克的星冰乐（Frappuccino）获得成功后，可口可乐尝试推出爪哇星球（Planet Java）。结果仍值得怀疑，有人认为爪哇星球有机会成为像星冰乐那样的大品牌吗？我们不这么认为。

你该如何推出一个没有公关潜力的品牌？

令人伤心的事实是，你不能。在这个媒体饱和的环境中，你在媒体中要么获胜，要么失败。如果你不能赢得媒体战，你就不能赢得营销战。

媒体是战场。一位营销经理在没有希望赢得媒体战的情况下推出一个品牌，就像一个将军在毫无把握的情况下向躲在壕沟里的敌人发动正面进攻一样。

但是在营销舞台上，英烈传每天都在发生。公司用大量的广告活动推出没有公关潜力的品牌，常常是品牌线延伸。这是个致命组合，它肯定会导致大量金钱的损失和营销成功的渺茫希望。

但是公关不仅是新品牌所需的。旧品牌也需要公关。

用公关重建一个旧品牌

我们写"建立品牌"时，不仅仅是写新品牌，我们写的是那些在人们心智中不占任何位置的所有品牌。从战略角度看，有 50 年历史的品牌和一个全新品牌，如果没有在心智中占据位置的话，就没有什么区别。两种品牌都必须用公关启动建立它们的信任度，然后才能转移到广告。

老实说，大多数的品牌在人们心智中都没有位置。只有较少数的几个品牌已经建立了足够的可信度，从而能够有效地使用广告战略。

甚至是一个已经树立起地位的知名品牌，如果要计划改变它的地位，首先需要的也是公关。即便你的名字出名，也并不意味着你能随时用广告改变别人对你的认知。生活并非如此。心智难以改变，特别是当你设法用广告改变它们的时候。

重建 AARP 品牌

你觉得一个叫 AARP（American Association of Retired People）的组织是怎样一个组织？ AARP 代表什么？大多数人说是"退休人员"，是美国退休者协会。

大多数人都错了。很多 AARP 成员还在工作，所以 1998 年美国退休者协会把名字改成了 AARP。

这个新名字并没有发挥什么作用，因为它一点都没改变 AARP 在人们心智中代表的认知。把名字改成首字母缩写也无法摆脱你的过去。肯德基（Kentucky Fried Chicken）能通过把名字改成 KFC 而摆脱"油炸"（fried）吗？国际薄饼店（International House of Pancakes）能通过把名字改成 IHOP 而摆脱"薄饼"（pancakes）吗？在很多方面，恰恰相反。"皇堡之乡"（Home of the Whopper）常常称自己为 B.K.，因为这是一个兼带说出汉堡王（Burger King）的方法。

由于 AARP 正设法改变人们对它的认知，这个组织应该以一张白纸开始，并开发一个有公关潜力的项目（没有公关，就不能改变认知，就这么简单）。

有很多有趣的社会变化，AARP 可以借此发起公关项目。

AARP 不想和退休这个词关联并无关紧要，重要的是 AARP 想在人们心智中有怎样的认知。那是什么？我们的建议是：在美国退休者协会（American Association of Retired People）中用"新生"（revitalizing）替代"退休"（retired）。

强调的是在跨入 50 岁后，如何改变你的生活。（我们建议的主题：为你的后半生提供帮助。）

目标改变了。一个人在 21 岁时，他可能要一个有前途的工作，一个能带来声望和很多钱的工作。在 50 岁这个有资格成为 AARP 成员的年纪，一个人可能要一个有目的的工作，在这个工作上他能发挥作用和获得充实感。

人们的寿命更长了。在 21 岁时，一个人在成为 AARP 成员之前可以工作 29 年。但是在 50 岁时，一个人可以指望再活 34 年。如果你能活到 50 岁，就平均还能多活超过一半的成年时光。

人们工作时间也长了。一个调查表明，40% 的人计划在退休后继续从事有报酬的工作。同样比例的人计划做志愿者工作 [想想基姆·卡特（Jim Carter）]。

我们还为 AARP 的杂志《现代的成熟》（*Modern Maturity*）提出了一个新名字。（谁想变得成熟？）我们的建议是：《第二幕》（*Act II*）。

非常有趣的是，最近推出的《现代的成熟》西班牙语版，名字棒极了，叫 *Segunda Juventud*，英文意思是"第二春"。

（现在 AARP 的老板曾经是一个资深的公关人，可能今后这个组织会朝这个方向发展。）

一个公关问题的解决方案永远是一个单一、简单的聚焦。但是需要勇气决定聚焦一种情况的哪一个方面。美国癌症协会（American Cancer Society）让人们提高对癌症的七个危险信号的意识，但是有多少人能至少说出一个呢？

重建心脏品牌

美国心脏病协会（American Heart Association）的情况和 AARP 以及美国癌症协会一样。每个人知道这个协会，但是没有人知道它代表什么。

现在美国心脏病协会正在提高以下几点意识：（1）心脏病的三个危险信号；（2）中风的五个危险信号；（3）健康心脏的五个原则；（4）妇女患心脏病的五个较不常见的危险信号。

说出其中一点。

心脏是什么？在神话中，心脏是爱和浪漫的中心。实际上，心脏是个泵。各种类型的机器（汽车、洗衣机和人类）都需要泵，大型汽车和大型洗衣机有大型的泵，小型汽车和小型洗衣机有小型的泵。

今天美国最大的健康问题之一是肥胖。据美国卫生总署的数据，61% 的成年人超重，27% 的成年人肥胖。体重增加的人不能到车库去换取一个更大的泵。（每年超过 30 万的死亡和体重相关疾病有联系。）

一个健康心脏的原则之一是"维持合适的体重"。我们相信这是美国心脏协会应该聚焦的单一概念。其实没有其他健康组织聚焦肥胖问题。

重建百加得品牌

百加得（Bacardi）是一个不需要重建的品牌。在过去20年里，它一直是美国销量最大的蒸馏酒（不仅是销量最大的朗姆酒，还是销量最大的蒸馏酒）。

问题是，百加得能比它现在更成功吗？我们认为可以。

典型朗姆饮料是朗姆酒和可口可乐，这仍然占到了美国朗姆酒消费的一半左右。但是你可能猜测，百加得把大多数的营销预算花在扩大品牌上。朗姆马天尼、朗姆和汤力水、朗姆和橙汁、朗姆那稞达拉酒、朗姆和黛克瑞。

你会用什么公关战略推进百加得朗姆酒？

我们建议百加得缩小它的聚焦。回到让它们出名的饮料上，回去推进朗姆和可口可乐。

对一个公关人而言，"凑巧"是一个有用的特性。"凑巧"的是，自由古巴（Cuba Libre）是一种由朗姆、可乐和酸橙汁制成的饮料的名字。实际上，百加得宣称第一瓶自由古巴是在1898年用百加得的产品制成的。

对一个在1959年卡斯特罗共产党接手政府时被踢出古巴的公司来说，"自由古巴"也是一个理想的战斗口号。百加得公司被迫迁到了波多黎各，没有一个公司比它对一个自由古巴有更多既定的兴趣。

在公关活动中有成百上千利用"自由古巴"的方法，其中一个思路是把自由古巴称做"唯一证明你的好品味和你的政治主张的混合饮料"。

重建 MARTA 品牌

有时候，公关战略家需要为品牌添加一个全新的概念。我们住在亚特兰大，这个城市的很多东西都在发展，包括山、树木、增长的商业和一个大机场。一个进展不太好的东西是交通。

为了解决交通问题，我们有了 MARTA（亚特兰大捷运）。你该用什么战略让人们走出私家车进入公共汽车或火车？

很多问题和亚特兰大的交通问题相似，如毒品问题、酗酒问题和肥胖问题。人们都知道他们不应该吸毒、酗酒或吃得太多，但是他们照干不误。

人们都知道他们为什么不应该开车上班的原因，但是他们还是这么做。传统的广告节目是浪费钱，基于传统广告主题的公关项目也同样是无效的。

思考这个问题后，我们觉得应该这么做。首先，把公共汽车和火车分离。甚至更好的是，给公共汽车取一个不同的名字，而让火车保留 MARTA 名字。

确切来说，公共汽车不是"捷运"工具。此外，有私家车的人才是这项活动真正的潜在顾客。他们认为坐公共汽车的人是买不起汽车的人，从汽车转移到公共汽车等于降低了地位。因此它很难推行。

聚焦于 MARTA 火车。缩小聚焦对任何营销规划都是个好概念。它给了你可以工作的有形的东西。（很多公司营销产品线很宽的产品或服务，给顾客提供"更好选择"。但是这么做，常常破坏了产品线的公关潜力。）

我们如何鼓动水星（Mercury）、梅赛德斯（Mercedes）、三菱（Mitsubishi）的车主成为 MARTA 的乘客？更确切地说，如果他们已经知道这么做的好处后，我们如何鼓动他们成为 MARTA 的乘客？（在亚特兰大只有 4%的上班族乘 MARTA 的火车，并且 78%的开车上班族是人手一车的。）

你让他们尝试这个系统。（告诉人们这种新饮料多么爽口是卖不掉的。你要让他们品尝。）

"MARTA 星期一"是我们的概念。每周一，每个人可以免费乘坐 MARTA 火车。MARTA 应该每周一次让潜在顾客尝试这个系统，让他们感受要花多少时间，有多舒服，离最近的 MARTA 有多远，等等。

一个固定成本高的系统，比如铁路系统，适合免费尝试，运载额外乘客的成本很小。当然，MARTA 会损失一些经常性乘客的收入，但不是那些买周票或月票的人。每个优秀概念都会有一些舍弃。

MARTA 采用"MARTA 星期一"概念的机会有多大？不是非常乐观。"什么？免费提供服务？忘了它。"

（一只骆驼穿过针眼都比让一个突破性的概念进入公司要容易。）

头韵、重复和押韵

如果你要为你的品牌取一个容易记忆的战斗口号，我们强力推荐头韵、重复和押韵。"MARTA 星期一"是一个比"MARTA 星期二"有效得多的口号。

历史表明，运用了一个或多个加强记忆技巧的口号能特别持久。

Fifty-four forty or fight.（54 岁，不是坚强就是挣扎。）

Loose lips sink ships.（祸从口出。）

To be or not to be.（生存还是毁灭。）

Shop till you drop.（购物到腿软。）

He who laughs last, laughs best.（笑到最后的人笑得最好。）

Toys for tots.（小孩子的玩具。）

Liar, Liar, pants on fire.[说（谎）吧说吧，裤子着火了。]

Debbie does Dallas.（黛乞搞上达拉斯。）

建立你的可信度

即使它们拼对了你的名字，有些公共宣传依然是无效的。

什么样的公共宣传是有效的？那些能够帮助建立你的信任度的报道、文章和专访。

关于红牛的一个报道提到了红牛，但是没有提到它在这个品类的领导者地位，实际上这是有害的。一个关于汽车安全的报道，如果没有提到沃尔沃在安全上的领导者地位，同样会损害这个品牌。

另一方面，一个帮助品牌在品类中建立领导者地位的正面报道可谓价值连城。

那就是你不能把公关作为一种广告买卖来衡量的原因。公关业所称的"等同于广告价值"是不合理的。一个公关项目的目标（建立品牌）是广告除了在特殊情况下都无法做到的。你怎么能把这两样东西等同起来呢？这就像是用步兵军队的数量来评价一架 B-52 轰炸机的威力一样。

有些公司还是将两者等同起来。有个报道说，CBS 免费给"胡椒博士"做了一个通常需要花费 200 万美元的橄榄球超级杯电视广告短片，以此作为戴维·莱特曼言论所造成损失的赔偿费（他把软饮料比作"阴沟水"）。

当你要附上一个领导者的称谓时，非常重要的是要利用媒体给你的品牌建立所需的可信度。报纸上的报道、杂志上的文章和电台或电视上的专访是不够的，虽然这些会有所帮助。

让媒体证明你的品牌在品类中的领导者地位是绝对必要的。

数据流的故事

一个叫做数据流（Datastream）的软件维护公司在起步阶段时，我们为它提供了咨询服务。我们的建议之一是把市场份额的柱状图打印出来，并寄给媒体让它们报道。

我们指出，柱状图会生动地说明数据流的领导者地位。这个公司的市场份额比排在它之后的 11 个竞争对手的市场份额总和还大。此外，像这样的图表让潜在顾客不再想到任何一个"跟风者"。如果潜在顾客想要考虑较小品牌之一，他可能要把其他较小的品牌全部考虑在内，这看上去太麻烦了。选领导者"数据流"是一个更容易的方法。

但是潜在顾客和媒体不是都知道数据流是领导者吗？根本不是这么回事。回到 1993 年，这个市场上有 150 个供应商，它们一共只销售了 27 700 个软件维护包，而总体市场潜力是 25 万 ~ 75 万个。换句话说，市场渗透率只有 4% ~ 11%。（而且这个比率很可能是被高估了的）。

数据流继续统治着软件维护市场，今天该公司仍然占据着主导位置。

星巴克的故事

建立领导者地位的可信度的最好方法之一，是成为一个新品类的第一品牌。星巴克是第一个欧洲风味的咖啡馆。此外，星巴克主要是吸引年轻人、都市人和"新新人类"。媒体很自然地讨好了这个概念和这类顾客。

"现在很难通过广告推出一个产品，因为消费者不再像过去那样关注广告，他们也不相信广告里的信息。"星巴克的总裁和创办人霍华德·舒尔茨（Howard Schultz）说，"看着那些花在广告上的钱，人们仍然相信他们的投资会带来回报，这真让我吃惊。"

有些客户告诉我们，我们不是星巴克，我们没有可以谈论的卡布奇诺咖啡、拿铁咖啡或其他令人兴奋的产品。这是今天常见的一个问题。

（回到汽车安装昂贵的波段收音机的时代，一些车主在挡风玻璃的内侧贴上"没有收音机"的标识，以防别人破窗而入。一个车主回来竟发现有人打破了他的窗子，并在标识上潦草地写着"去买一个"。）

没有令人兴奋的产品可以谈论吗？找一个。这是今天的公关战略家要做的工作，发现一个能制造公关的概念。但也不是任何形式的公关，而是能建立品牌的公关。

建立一个新品类

新品类也不必是惊天动地的。能量棒（PowerBar）是第一种能量方糖；喜力（Heineken）是第一种高价进口啤酒；Razor 是第一种高科技单脚滑行车。

当你的品牌代表了一个新品类并抓住了媒体的关注，产生的公关是难以置信的。当宝丽来（Polaroid）推出了即时成像时，兰德博士（Dr.Land）和他的新照相机登上了《时代》杂志封面，有线电视和其他几乎所有重要的公众媒体也都播出了这条新闻。渐渐地，公关建立了宝丽来品牌。

当施乐推出普通纸复印机时，发生了同样的事。是公关而不是广告建立了品牌。

广告适当的角色和功能是在事后。在品牌建立后，在潜在顾客的心智中建立起可信度后，你就能用广告去强化和提醒潜在顾客。广告是在空袭中跟在坦克后面的步兵。你不会只用步兵发动军事进攻，你为什么要只用广告发动营销攻势呢？

Miraclesuit 的故事

有时品牌并没有内在的公关主题，它仅仅是又一个产品或服务。对广告人来讲，这不是个问题。如果产品不令人兴奋，那么客户需要的就是令人兴奋的广告，比如创意。（我们相信我们已经证明了广告中创意方法的无效性。）

但是，公关人必须给品牌添加一些东西来制造公关。公关才是一个需要创意的学科。

有时你可以仅用文字就可以了。1992 年，A&H 运动服装推出了女式泳衣，这种泳衣的纬纺织造构造给泳衣提供了可以从两个方向拉伸的最佳伸展性（其他的泳衣只能朝一个方向伸展）。它们甚至给新产品起了一个令人兴奋的名字——魔力服饰（Miraclesuit）。但是是博雅公关公司（Burson-Marsteller）描述了品牌的利益："在 10 秒钟内看上去轻 10 磅。"（穿这种泳衣要花 10 秒钟。）

只用公关，没有广告。魔力服饰成了一个成功品牌。虽然这种泳衣在百货店品牌专区销售，并且价格比普通泳衣高 20% ~ 25%，魔力服饰还是成了市场上的第二大品牌，仅次于诺蒂卡。

10 年后，魔力服饰这个品牌已经建立起来了，公关潜力已经发挥了，可能是时候把魔力服饰从公关转到广告上了。魔力服饰的广告战略应该是什么？"在 10 秒钟内看上去轻 10 磅。"

你以为魔力服饰的广告代理公司今后会采用这个战略吗？完全不是。广告公司专注于创意，致力搜索新颖和差异。我们自己的经历告诉我们，很难让一个新的广告公司沿用先前公司的创意和概念，要一个广告公司采用公关公司开发的战略则更难。这是 NCH 因素，即"不是这儿创造的"（Not Created Here）。

（广告有一个角色和功能，但不是基于创意，而是基于抄袭。今后广告公司将必须采用"跟进"活动，也就是要采用那些已经通过公关活动植入到潜在顾客心智中的概念和形象。）

铺开你的品牌

《红帐篷》(*The Red Tent*)是第一本由一个不知名的作者阿妮塔·戴蒙特（Anita Diamant）写的小说 [该书讲述的是戴娜（Dinah）虚构的一生，她是拥有多种色彩外衣的约瑟夫的唯一姐姐]，在经历了冷淡的销售之后，它计划被打成纸浆。当有人提议戴蒙特女士以一美元一本的价格买下剩余的书时，她反而建议出版商把书送给犹太拉比（rabbis）⊖。

这奏效了。在出版两年半后，《红帐篷》成了畅销书。平装版卖了200万本，并且被好莱坞选中购买下这本书的电影拍摄权。

泰瑞·凯（Terry Kay）写的《共舞人生路》(*To Dance with the White Dog*)在日本隐匿了六年。之后，日本一个小城市的书店副经理非常喜欢这本书，他写了一个店内评论告诉顾客这本书有多棒。

结果，这个书店在一个月内就卖出了471本《共舞人生路》，对一个小书店来说，这是个惊人的数字。然后，该书的日本出版商的一个23岁的销售员建议她的老板在全国范围内发表这个手写的评论。报纸和电视台报道了这个故事，现在《共舞人生路》在日本印刷了50万册，是自从该书1990年出版以来在美国的销售的两倍。

一个微小的火花启动了一个公关项目，销售了50万册书，这可能吗？当然，这种事情一直发生。不幸的是，当品牌变得更大更出名时，当品牌到达顶峰时，管理层倾向于抹杀把品牌带到顶峰的道路。他们假装它生来就是在高处的或至少凭它自己的优势到了那里，而不是凭

⊖ 学过《圣经》和《塔木德》，并担任犹太人社会或犹太教会中的精神领袖或宗教导师的人。——译者注

借有利的公关到达那里的。

安置楔石

今天在公关中，最有效的策略之一是安置一个基石——一个关键出版物（或电视节目）中的一个正面故事，它能支持整个公关项目。

1997 年 4 月 28 日，《华尔街日报》"市场"专区的封面报道了一个关于"棒！约翰"（Papa John's）的主要故事（"受欢迎的比萨连锁的秘诀是口味"）。

"棒！约翰"的主题是"更好的原料，更好的比萨"。

"棒！约翰"不用浓缩制成的沙司，而用自然成熟和新鲜包装的番茄制成的沙司；不用多种干酪，而完全用意大利干酪；不用冷冻面粉，而用新鲜面粉；面粉中不用自来水，而用纯净水。

过了几个月，一个基石故事可能被割开切成很多其他故事。在没有查阅《华尔街日报》对"棒！约翰"报道了什么之前，没有记者会报道关于这个公司的故事。有了互联网，现在这种事就很容易办到了。

人们很容易遗忘"棒！约翰"成功的核心。这不仅是对产品好处的揭示（我们有这个好处而他们没有），故事的核心是"棒！约翰"是第一种高级比萨，有利于支持高级定位。"第一"因素让"棒！约翰"能够赢得公关战。如果你不是某个品类的第一，你就无法出名。

铺开一个甜甜圈品牌

有时一个新公司要花点时间找到一个可以首先进入的品类。工业午餐服务公司（Industrial Luncheon Services）建立于 1946 年，是从事饮食包办业务的公司。两年后，该公司拥有 200 辆食品卡车，25 个工厂自助餐厅和一个售卖部。当创办人威廉·罗森堡（William Rosenberg）看他的销售数据时，他发觉食品卡车销售出去的 40% 是咖啡和甜甜圈。这个观察把一个比较成功的区域性饮食包办者变成了一个全球品牌。

罗森堡把产品范围聚焦在咖啡和甜甜圈上，这最终成了唐恩都乐（Dunkin' Donuts），第一家为顾客提供现磨咖啡和甜甜圈连锁店。

今天，唐恩都乐是世界上最大的咖啡和甜甜圈连锁，在美国和其他35个国家和地区有5 000家店（罗森堡的其他饮食包办业务早已经消失了）。

然后有了香脆甜甜圈连锁店（Krispy Kreme），它是今天最"热"的甜甜圈连锁店。香脆甜甜圈连锁店聚焦在一种甜甜圈——上了油的甜甜圈，并把它放在了公关宣传的风口浪尖上。

菲尼克斯郊区的一家香脆甜甜圈连锁店开张前不多久，宣称自己是"美国最严厉的长官"的乔·阿帕洛（Joe Arpaio）询问他是否可以成为第一个顾客时，香脆甜甜圈连锁店欣然同意了阿帕洛先生的要求。（阿帕洛警官因要求他的犯人穿粉红色的内衣而成为当地的一位名人。）

长官在电视摄像机前品尝了甜甜圈并说出了极妙的话："这些甜甜圈如此美味，它们应该是非法的。"

点燃香脆甜甜圈连锁店公关风暴的另一个事件是2000年4月的首次公开募股（IPO）。上市的感觉从未如此美味。通常对处于开始阶段的品牌来说，首次公开募股计划是一个好的公关事件。

当你不必成为第一的时候

人生是不公平的。如果你不是某个第一，你就不能成名。但是如果你已经成名，你的产品不必为成为"第一"去制造大量的公关。看看由微软的Xbox游戏机和微软的视窗操作系统引发的大量公关吧。

比如，爱德曼（Edelman）公关公司在广告播放前为Xbox制造了成百上千的主要新闻报道。这个推出方式获得了巨大成功，在两周后Xbox成了最畅销的游戏机。

我们为何不能像微软那样获得公关？有些客户问我们。我们的回答是，你不是微软。公关就像钱，穷人需要它而富人不需要。那么谁得到了所有的钱？富人。那么谁得到了所有的公关？不需要公关的公司。

你可以在报纸上看到这种不公平。《纽约时报》关于 Xbox 的一篇文章的标题是"微软开拓一个新领域：有趣"。但是《华尔街日报》的故事没有说"'棒！约翰'的秘诀是口味"，而是说："受欢迎的比萨连锁的秘诀是口味"（棒！约翰没有知名到让它上标题）。

上山和下山

公关实质上是两个阶段游戏：上山，下山。

当你在建立一个品牌时，你正把它推向媒体的大山。你不是从高处开始，上升也不容易。

当你到达山顶时，当你有了像微软那样的大品牌时，你的战略也应该改变，你变得有选择。你不打电话，你接电话；你拒绝不能接受的媒体要求；你的战略不是宣扬品牌而是保护品牌不受负面公关侵害。

在上山路上，你的战略是"铺开品牌"。接受媒体能给你的所有东西，通常这不是在有线电视或五大报纸之一上的报道。更多情况下，你必须从一些小出版物开始，然后把报道"铺开"到更重要的媒体。

每个到达山顶的品牌都是靠有利公关才能到那儿的。一个可能是更好的产品，如果没有公关它就不会到任何地方。当你把你的品牌推向媒体的大山时，一个知名 CEO 会很有帮助。没有本·科恩（Ben Cohen）和杰瑞·葛林菲尔德（Jerry Greenfield），第一种有社会责任感的冰激凌班杰利（Ben & Jerry's）会在哪呢？这两个嬉皮企业家成就了今天的班杰利。

广告项目和通常从小开始的公关项目不同，它总是基于大爆炸的概念。看起来他们的口号是"我们用世界上任何地方的任何公司都没有使用过的最密集的广告炮火推出这个品牌"。

你不能在公关项目上使用同样的大爆炸式战略。每个品牌需要它自己的时间表。通常在转移（或铺开）到下一步的更重要的媒体之前，你需要一些在小媒体上的公关。

努力付出的公关需要充分的时间去产生效用。没有耐心比糟糕的执行会毁了更多的公关概念。概念越好，把那个概念植入顾客心智所花的时间就越长。它是新颖的，是不同的，并且它会立即受到怀疑。媒体人有时和顾客一样持有怀疑态度。

建立"定位"品牌

我和杰克·特劳特首推的"定位"概念由一个小型行业出版物（《工业营销》）走到更大更重要的行业出版物（《广告时代》），然后上了《华尔街日报》。

注意，《华尔街日报》从行业出版物上抓取了这个故事，但是如果这个故事已经出现在《纽约时报》《时代》《新闻周刊》或其他任何主要消费出版物上，《华尔街日报》就不会报道这个故事。

你违反了公关的"长幼次序"就危险了。比如，《华尔街日报》不会报道登在《今日美国》上的故事。反过来，《今日美国》可能会对已经出现在《华尔街日报》上的报道进行它自己的相关报道。

有线电视不在意一个报道在哪里出现过，它们只在意发言人的品质和公众是否对这个报道感兴趣。正是这个原因，为了在电视上露面，印刷媒体上的公关炮火是理想的首推阵地。

我们每一次在主流电视媒体上（CBS《新闻早播》、NBC《晚间新闻》、ABC《今夜世界新闻》、CNN、CNBC等）的露面都是由某些印刷媒体上的报道激发的。

没人比媒体更多地浏览媒体。一个编辑可能问的典型问题是"我们怎么没有这个报道？""找一个新视角，让我们下周推出自己的报道。"

这些关系是铺开战略的核心。你必须仔细考虑哪些出版物需要新概念，哪些出版物只在从其他媒体上获得可信度后才会报道这个故事。

自然，每一个原则总有例外。如果你有一个建立品牌的故事，它很有力，以至于几乎靠它自己就能让媒体大作宣传，那么你可以同时把这个故事发布给所有的媒体。第一种治疗勃起障碍的处方药伟哥的推出就是这类故事。但是在营销历史上，没有很多品牌能像伟哥那样快速崛起。

建立野马品牌

没有行业像汽车行业那样依赖广告。2000 年，13 个最大的广告预算中有 7 个是汽车品牌（雪佛兰、道奇、丰田、福特、日产、克莱斯勒和本田）。这些品牌总共在广告上花了 40 亿美元，这些钱足够发动一场小型的战争。

2001 年这 7 个品牌一共卖出了 11 108 832 辆汽车，这些品牌每卖出一辆车的广告开销是 359.12 美元。

你记住了任何一个汽车广告或商业广告吗？更确切地说，你能记得哪个商业广告改变了你想买哪个牌子的汽车的想法吗？大多数人不能。

尽管有这些大额的花费，广告在销售汽车上扮演的还是一个次要的角色。买主更多地受到街上开的车、车主的口碑、日报上汽车版面的编辑内容等的影响。

你必须回到 1964 年去找到一个正确推出的品牌，就是福特的野马（Mustang）。关于野马的新闻，即第一种供不喜欢驾驶跑车的人驾驶的跑车，几乎在它正式推出前一年就泄露给了媒体。

推出 6 个月之前，李·亚科卡（Lee Iacocca）邀请一些主要记者提前参观这款汽车，宣传资料寄给了成千上万的报纸和杂志，200个节目主持人试开这款汽车，然后借走白色的野马一周。

最后，1964年4月13日，这款汽车公开推出了，福特在纽约世博会的展台也同时开幕了。在世博会盛会后，集合起来的记者开着一队早期生产的汽车从纽约到底特律。

结果发生的公关令人无法置信。亚科卡和他的野马在同一周内上了《时代》和《新闻周刊》的封面，这是绝无仅有的事情。

销量也让人无法置信。只花了4个月就卖完了第一批的10万辆野马汽车；第一年里卖出了超过40万辆的汽车；生产两年后，第100万辆野马汽车在密集的公关炮火中下线了。

一个新品类、一个名人发言人、一个缓慢集结和一个同国际事件联系在一起的推出日期，这些是野马公关成功的要素。星星不会总是像这样为你的品牌排列，但是这样计划有帮助。

福特也在野马广告上花了不少钱吗？当然。它们需要吗？可能不要。

广告常常和一个老牛仔带领一队人穿越大峡谷时洒在路上的药粉属于一个类别。

"你在干什么？"一个队员问。

"我在避开大象。"回答。

"这里方圆5 000英里之内没有大象。"

"这说明这药有效，不是吗？"

我们肯定那时广告方很快宣称，是它们促成了野马的成功。当销量上升时，广告获得答谢；当销量下降时，产品受到指责。

建立教育品牌

虽然哈佛、普林斯顿和耶鲁的人可能不会承认，但是这些教育机构已经成了品牌。它们如何成为品牌的？当然不是靠广告。它们通过大量的公关成了强大的品牌，即使这些公关努力不是自发的。

好些大学试图用广告建立品牌，最显著的是长岛艾德菲大学（Adelphi University）。艾德菲的运作包括整版报纸广告，以下是几个标题：

- "哈佛，马萨诸塞州的艾德菲。"
- "有人需要这么好的教育吗？"
- "在进入大学之前，每个人应该读三样东西：柏拉图的《理想国》，亚里士多德的全部著作和这个广告。"

怎么样了呢？艾德菲成了长岛的哈佛吗？愚蠢的问题。实际上发生的情况是艾德菲大学的校长被解雇了。你不能用广告建立品牌，广告就和藏在幸运饼中小纸条一样没有可信度。

《财富》杂志是另一回事。如果《财富》上登出文章说艾德菲是"长岛的哈佛"，它将对这个大学的命运有重大的影响。有时你所需要的就是一个出版物或电视节目上的一个有利片段，你可以不断地在文章再版、直邮和对其他媒体的公关努力中使用。

调研给奎尼匹克大学带来的利益

拿奎尼匹克大学来说，这个位于康涅狄格州哈姆登的小型私立学校至少有一个不好记的名字。在过去 10 年里，这个学校的入学人数从 1 900 增长到了 6 000，并且几乎将它的预算扩大了 5 倍，达到了 1.15 亿美元。

问题是：当大学入学人数下跌的时候，奎尼匹克大学如何能做得这么好？回答是：奎尼匹克大学的民意调查。

当约翰·莱希（John Laney）在 1987 年接任校长职位时，他认为优秀的老奎尼匹克大学需要一些公关。所以他推出了奎尼匹克大学民意调查，对地区和国家的选举和其他热门问题进行调研，然后把结果公布给媒体。在 10 年里，奎尼匹克大学已经出现在 2 500 个新闻报道中。

2000 年，这个学校花了 43 万美元进行 44 项调研，其中有 15 项是针对希拉里·克林顿竞选参议员的。

一项调研可能是浪费钱，但是 44 项调研就是很好地利用大学资源。民意调查把奎尼匹克大学放在了几百万的潜在学生、家长和辅导员的考虑范围之中。

不仅是调研的数量，而且年复一年地坚持做调研对奎尼皮克大学奏效了。奎尼皮克大学的民意调查让奎尼皮克大学进入了市场的心智。（现在如果他们能对这个名字做点什么的话。）

缩小焦点，成为领导者

同样要注意，特定的高级教育机构是如何通过遵循（有意识或无意识地）公关建立品牌的主要原则的：建立一个你能第一个进入的新品类。哈佛商学院以"管理学"闻名。

你不能通过变成和哈佛商学院一样而来和它竞争，你要变得与它不同，再去和它竞争。沃顿，宾夕法尼亚大学的商学院，却不是宾夕法尼亚的哈佛。沃顿商学院是"金融"的领导者，它是第一个抢占金融品类的研究生院。

凯洛格（Kellogg），西北大学的商学院，它不是伊利诺伊的哈佛。凯洛格是"营销"的领导者，它是第一个抢占营销品类的研究生院。

恰巧，沃顿和凯洛格都没有专攻它们的专长。它们都提供全部的管理学院课程，但是它们都处于好的状况下，因为它们建立了成为狭窄品类中的领导者的认知。

雷鸟（Thunderbird）（正式名字：美国国际管理研究生院），不是亚利桑那的哈佛。雷鸟是"国际研究"的领导者，它是第一个抢占留学品类的研究生院。

传播能为佩斯大学做什么

我们曾经接触过佩斯大学的人，私立佩斯大学坐落于曼哈顿，有1万学生就读。曼哈顿以什么闻名？三个方面：金融、时尚和传播。金融是沃顿，时尚是时尚技术学院（Fashion Institute of Technology），就剩下传播了。

佩斯大学应该成为"传播"学院。曼哈顿是全世界的传播中心，ABC、CBS、NBC、《纽约时报》《华尔街日报》《时代》和《新闻周刊》，实际上整个杂志业都在曼哈顿。对一个传播学院而言，还有比这里更好的地点吗？

"我们不能那么做，"佩斯大学的管理者说，"学生要全部的课程。"据佩斯大学的说法："近一个世纪以来，佩斯大学的使命是通过培育和教育为纽约人的子女们创造机会。"

可能是这样，但是大多数纽约人的子女们也想去著名的大学读书，他们希望能从那个名声上沾光。

说老实话，对你而言，佩斯是沙司，不是吗？⊖它也应该成为一个著名的传播学院。

⊖　美国有一个叫Pace的沙司品牌。——译者注

建立地域品牌

旅游是广告投入量最大的行业之一。不仅是航空公司、酒店和汽车租赁公司，城市、州和国家也在花大量的钱为它们的设施和旅游地做广告。我们在自己的旅行中常常碰到很多可以做公关的机会，这些公关机会让很多广告变得不那么必要。

危地马拉的故事

以危地马拉为例。大多数美国人对危地马拉这个国家了解多少？除了知道它是中美洲的贫穷国家外，其他知之甚少。所以没有充分的理由到那里去。

实际上，危地马拉是一个历史悠久的国家。它是玛雅文化的中心，在西班牙人到来之前，玛雅文化是整个美洲最先进的文化。甚至在今天，危地马拉 1 300 万人中 44% 是玛雅人的后代，很多人还说玛雅语言的方言。

危地马拉有 1 万英尺的高山和 500 年来看起来都没有改变过的文化，它是游客的天堂。危地马拉分布着成百上千个壮观的玛雅文化遗址，城市、庙宇、房屋、运动场和过去辉煌的遗迹。

危地马拉具备一个世界级旅游胜地的所有要素，除了游客。很少有人知道这个国家或者关注这个国家。

一个聚焦玛雅文化的公关项目可以为危地马拉吸引游客。但是有一个问题，虽然危地马拉是玛雅人的文化中心，但是玛雅文化遗址散布在伯利兹（Belize）、萨尔瓦多（El Salvador）、洪都拉斯西部和墨西哥南部。

此外，你如何解决混淆问题？除了危地马拉、伯利兹、萨尔瓦多和洪都拉斯，中美洲七国还包括哥斯达黎加、尼加拉瓜和巴拿马。

那么，如何解决混淆问题？你可以把国家的名字由危地马拉（Guatemala）改为危地玛雅（Guatemaya）。这个变更同时解决两个问题，它抢占了玛雅地位，同时它也作为一个记忆工具把玛雅和有着最壮观的玛雅文明的国家联系起来。（它也解决了第三个问题，Mala 在西班牙语里是"坏女人"的意思。）

一个好的公关战略暗含了一个可以报道的故事。一个记者的自然反应是，你为何把国家的名字改为"危地玛雅"？

我们的危地玛雅的概念在危地马拉城的商圈中受到广泛的赞同，他们觉得这也解决了一个政治问题，即说玛雅语言的人觉得孤立于说大多数西班牙语的人。这个建议会被采用吗？可能不会。被采用的可能性极低，就像大象无法穿过细小的针眼。

秘鲁的故事

另一个有旅游问题的国家是秘鲁。这个南美国家有 2 700 万人口，每年只能吸引 40 万游客（甚至有毒品问题的哥伦比亚每年也能吸引 200 万的游客）。

这是不相称的，因为秘鲁是马丘比丘（Machu Picchu）的故乡，马丘比丘和泰姬陵以及埃菲尔铁塔是全球三大最知名的旅游景点。

看起来很奇怪，秘鲁得从它对马丘比丘的单一推广转向对这个国家的推广。

如果法国唯一吸引游客的地方是埃菲尔铁塔，那么法国能吸引多少游客？不会很多。埃菲尔铁塔很有吸引力，但是这不足以吸引游客到法国旅游。

马丘比丘也是一样。它是一个壮观的地方，但是这不足以吸引游客到秘鲁旅游。

另一方面，如果一个国家要吸引游客，它就要有一个单一聚焦。

法国有一个单一聚焦：巴黎。当你去巴黎时，那儿有很多旅游的地方，包括埃菲尔铁塔。

秘鲁可以类比的地方在哪里？秘鲁的巴黎在哪里？我们认为是库斯科（Cuzco）。当你去库斯科时，有很多旅游的地方，包括马丘比丘。

秘鲁能把库斯科对外宣传为"秘鲁的巴黎"吗？不能。它是一个糟糕的名字（它的英文名字 Paris of Peru，听上去像一种意大利甜品，或者更糟），而且在全球的认知度很低。此外，这个名字无法体现这个重要城市的历史意义。

库斯科古城的真正意义是什么？库斯科古城是印加文化的中心，是印加文化的发源地，体现了印加（Inca）这个词的"国王"（king）意思，而不是种族的意思。

秘鲁应该做的是把城市的名字改成能反映它是印加文化发源地，有一个真正传统的名字。我们的建议是：印加人的家园（Ciudad de Las Incas）。

当你到"印加人的家园"时，有很多旅游的地方，诸如马丘比丘这些壮观遗址的一日游。

"印加人的家园"和"危地玛雅"都提供了能挂公关策划的钩子。它们也是探进游客心智的钩子。对一个公关策划而言，制造一大堆简报是不够的，你必须在潜在顾客的心智中植入一个单一的激励概念。

秘鲁采用"印加人的家园"概念的可能性有多大？不大。就像美洲骆驼无法穿过细小的针眼。

巴拿马的故事

巴拿马是中美洲的又一个国家，它以运河闻名，但是这个国家很贫穷，人均 GDP 只有 7 300 美元。巴拿马的公关情况应该是怎样的呢？

我们的观点是巴拿马应该成为世界上第一个"自由贸易国家"。由于巴拿马运河，这个国家成了一个全球运送货物的理想集散地。虽然巴拿马有自由贸易区，但是它的进口关税是拉丁美洲的国家中是最高的，从 3%～50%（相比之下，墨西哥是 5%～20%）。

可是关税不是一个政治问题吗？当然是，但是你不能让公关脱离政治。

你也不能让公关脱离营销。说"我们做营销，你做公关"的客户遗漏了公关能做的最大贡献：改变产品或服务的面貌以提升它的公关潜力。

公司设计产品满足消费者，它们很少考虑媒体的需求。但是如果一个新产品没有在媒体上获得成功，它也不可能获得营销的成功。

我们很少为客户提供营销项目咨询而不提议做出某些改变的，有些是小变化，大多数是大变化。而且一个品牌今后的成功更多地和这些战略变化有直接关联，而不是与我们提供的战术相关。

如果你有了正确的战略，即使犯了战术上的错误也能成功；如果你有了错误的战略，那么，即使你是战术的天才，也注定要失败。

建立城市品牌

2000 年 9 月的奥运会前不久，我们和澳大利亚悉尼的旅游促进人员见面。

我们指出全世界的眼光将看着悉尼，这是一个发动公关来宣传悉尼的完美时机。

悉尼是什么？如果你能用一个词或一个概念回答这个问题，你就能把这个概念植入将要观看奥运会的几百万观众的心智中，同时还有那些报道节目的成千上万的记者心智中。

城市需要一个独立于它们所处国家之外的定位：巴黎是"灯光城

市"，纽约是"大苹果"，罗马是"永恒的城市"，悉尼是什么？

我们为悉尼的定位设置了四个标准：

1. 它应该是一个把悉尼定位为像伦敦、巴黎、罗马、纽约和香港那样的"世界级"城市的概念。

2. 它应该是有很强的可信度元素的概念。知道悉尼的人听到这个主题就会说："对，悉尼就是那样的。"

3. 它应该是和悉尼构成头韵的概念，这样能加强这个概念的记忆。

4. 它应该是一个和城市标志建筑、位列全球五大著名的建筑之一的悉尼歌剧院相一致的概念。（你不能与你在人们心智中已有的概念大相径庭。）

只有一个概念符合这四个标准。它是简单和明显的，并且有 2000 年奥林匹克运动会的帮助，可以用特别低的价格把它放在几百万的人的心智中。

"悉尼，全球最精致的城市。"

如果你到过悉尼，就知道这个主题是正确的。你的一个反对意见可能是澳大利亚有内地⊖和鳄鱼邓迪（Dundee），它不支持一个精致的概念。对。

但是纽约不是美国，悉尼不是澳大利亚。悉尼是第二品牌，像所有优秀的第二品牌一样，应该和主要品牌分离。

把澳大利亚看做一个大品牌、主品牌或超级品牌的问题是弄乱一个个体品牌的定位。大品牌把强大的品牌变成"仅仅是另一辆雪佛兰"。

悉尼在地图上是澳大利亚的一个点。但在人们心智中，"悉尼"和"澳大利亚"是两个不同的地方，悉尼是高雅的，澳大利亚不是。曼哈顿不是皮若亚（Peoria）。

⊖ 指澳大利亚偏僻而人口稀少的地方。——译者注

建立州品牌

我们为密苏里州制定一个战略以推进这个州的旅游业。明尼苏达州有湖（一万个湖），蒙大拿州有天空（大蓝天），密苏里州有什么？

我们决定将密苏里州定位成在所有州中是独一无二的，因为它位于这个国家的两条主要河流——密苏里河和密西西比河的交接处。实际上密苏里州是"河的州"。

但是如何让媒体提到这一点呢？不容易。我们的解决方法是举行从密苏里河（位于曼哈顿）到圣路易斯（密苏里河流入密西西比河的地方）的独木舟比赛。

巧合的是，这个路线与刘易斯（Lewis）和克拉克（Clark）1804年探险走的路线正好相反。所以媒体不仅会报道独木舟比赛，而且会报道刘易斯和克拉克的著名旅行（2000年奥运会对悉尼做的贡献，2004年的刘易斯和克拉克200周年活动也会对密苏里州做出同样的贡献）。

自然，获胜者会在大拱门接受奖杯，在圣路易斯市中心同时俯瞰密苏里河和密西西比河。

如果你想把"河"放入游客的心智，你必须首先把"河"放入媒体的心智，你还必须成为第一。

位于加利福尼亚圣何塞的硅谷（Silicon Valley）以美国高科技行业发源地闻名。不少于17个地方设法抢占它的成功，包括硅滩（Silicon Beach，位于佛罗里达）、硅街（Silicon Alley，位于纽约）、硅湾（Silicon Bayou，位于路易斯安那）、硅岭（Silicon Mountain，位于科罗拉多）、硅林（Silicon Forest，位于西雅图）、硅山（Silicon Hills，位于奥斯汀）、硅平顶山（Silicon Mesa，位于阿尔布开克）和硅沙漠（Silicon Desert，位于菲尼克斯）。

你记住了哪个硅？当然是硅谷。每个品牌需要它自己的名字，别人已经成功的名字并不是你可以搭乘的便车，也不会带你走向成功。

建立一个酒品牌

公关建立品牌，广告维护品牌的这个基本定律也有例外。欧托滋就是一个，万宝路和绝对伏特加是另外两个。万宝路的"牛仔"广告让万宝路香烟闻名，绝对伏特加"酒瓶"广告让绝对伏特加出名。

如果广告能建立像欧托滋、绝对伏特加和万宝路那样的品牌，广告为何不能建立你的品牌？这是一个好问题，但是答案也很好。糖、香烟和酒的品牌得到很少的公关。当然，有很多不要吃糖、不要吸烟和不要饮用酒精的公关，但是几乎没有关于糖、香烟和酒的品牌的报道。

大概杰克丹尼（Jack Daniel's）是唯一的例外，蒸馏酒缺少媒体报道为一开始就用广告建立酒品牌提供了机会。1980 年推出的绝对伏特加是一个典型例子。一个有特色的瓶子、一个有特色的名字和一个有特色的广告把绝对伏特加放入了饮酒者的词汇。第一个广告上写着"绝对完美"，在酒瓶上方有一个光环。

绝对伏特加的战略也很优秀。俄罗斯红牌（Stolichnaya）伏特加用高端侧翼战对抗长期以来的伏特加领导品牌斯米诺（Smirnoff）获得了进展。但是在 20 世纪 80 年代早期冷战达到了顶点，所以红牌伏特加不明智地放弃了它的俄罗斯传统，为一个瑞典产品留下空间。此外，斯托里奇那亚⊖不是容易发音的名字，特别是在读了两三遍 screwdrivers ⊜之后。

成功找到使用公关方法的伏特加是一个叫蓝天（Skyy）的品牌，它出自莫里斯·坎巴（Maurice Kanbar）的想法。如宣传所说的那样，蓝天伏特加的诀窍是一个四步的蒸馏过程，它能使 80 度的伏特加纯净

⊖ 红牌的俄文名字发音。——译者注
⊜ 伏特加橙汁鸡尾酒，读音与红牌的俄文发音相似。——译者注

至无残留，甚至不会引起宿醉。

蓝天伏特加的神奇时刻是 1994 年 10 月 31 日在《华尔街日报》"市场"板块的封面文章："没有残留的伏特加令人不安"。蓝天伏特加成了美国仅次于绝对伏特加的第二大高级伏特加品牌，现在蓝天伏特加每年销售 140 万箱。

建立葡萄酒品牌

美国的葡萄酒市场也证明了广告和公关的联系。多年前，当很少有关于葡萄酒的报道出现在媒体上时，你可以用广告建立葡萄酒品牌。盖洛（Gallo）、傲美（Almaden）、伊哥路（Inglenook）、泰勒（Taylor）和保罗梅森（Paul Masson，"它出现之前我们从没喝过葡萄酒。"）是几个进行大规模广告宣传的美国国内品牌。

在进口葡萄酒品牌中，领导者是优尼特（Riunite），一种意大利兰布鲁斯科（Lambrusco）葡萄酒（"冰镇优尼特，美极了"）。在有线电视的支持下，优尼特在 1984 年达到了高潮，它卖出了 1 100 万箱。塞拉（Cella）、佳科贝兹（Giacobazzi）、宝籁（Bolla）、佛龙纳瑞（Folonari）、马刁士（Mateus）和雅格桑格里亚（Yago Sant'Gria）也是大广告主。

蓝仙姑（Blue Nun）在电台大做广告。蓝仙姑莱茵白葡萄酒圣母之乳（Lieb-fraumilch）用杰里·斯蒂勒（Jerry Stiller）和安妮·米拉（Anne Meara）主演的商业广告占领了美国 1/3 的德国佐餐葡萄酒市场。在 9 年中，销量增加超过 10 倍，达到每年 120 万箱。

但是随着媒体对葡萄酒兴趣的增加，兰布鲁斯科和莱茵白葡萄酒被霞多丽（Chardonnay）白葡萄酒和长相思（Sauvignon Blanc）白葡萄酒超过了。媒体突然谈论酿造期、酿造地和品种，大广告量的品牌遭到了公关的白眼，开始衰退。

葡萄酒已经进入了公关时代。优尼特和盖洛让位给了罗伯特·蒙达维（Robert Mondavi）和小罗伯特·帕克（Robert Parker Jr.）。帕克出版的《葡萄酒推荐》（*The Wine Advocate*）不做广告，却在行业里具有领导权威。今天的游戏主题是公关和小罗伯特·帕克的评分。

帕克先生每年抽样 1 万种葡萄酒，他的味蕾影响全球，价格随着他的评价上升或下降。差的葡萄酒得 70 分，一般得 80 分，确实好的得 90 分。

"一旦一种葡萄酒得到了小罗伯特·帕克的大力赞同，"《纽约时报》写道，"收藏家和葡萄酒爱好者就会蜂拥而至抢购。"（葡萄酒饮用者曾经根据标签选择，今天他们根据得分选择）。

你不能拿广告与 75 的得分抗衡。小罗伯特·帕克自己的出名也和广告无关。他正确预测了 1982 年的波尔多（Bordeaux）葡萄酒陈酿会成为葡萄酒历史上最棒的陈酿，事实也的确如此。结果导致的公关让小罗伯特·帕克和《葡萄酒推荐》出名。

当然，有些葡萄酒品牌避开了帕克的雷达屏幕并用平面广告建立了品牌。但是这大多数品牌 [绿雾（Arbor Mist）、嘉露香叶（Turning Leaf）和木桥（Woodbridge）是其中一些品牌] 是廉价的葡萄酒，只能吸引不成熟的饮酒者。

罗伯特·蒙达维公司是另一个成功公关的葡萄酒案例。1966 年，罗伯特·蒙达维和他的大儿子迈克尔（Michael）在加利佛尼亚建立了禁酒令以来的第一个新酒厂（成为第一是一个典型的新闻话题引子）。

这个公司成功的关键是罗伯特·蒙达维自己。罗伯特·蒙达维现年 88 岁，他是一个永不疲倦的葡萄酒推广者，他的推广只有一个主题：加利佛尼亚葡萄酒属于全球真正优质的葡萄酒之一。《今日美国》把蒙达维称做"葡萄酒业最德高望重的人"。

蒙达维公司在 1993 年上市，这是一个制造公关的好概念，但是最好的概念是罗伯特·蒙达维自己。每个公司需要一个发言人，你不能采访一瓶葡萄酒或任何东西。当发言人和公司有相同的名字时，公关潜力就翻倍。

公关推动了美国葡萄酒的业务。今天最热销的葡萄酒来自澳大利亚，它占据了美国葡萄酒市场的 11%。穗乐仙（Shiraz）是澳大利亚最热销的葡萄。报纸的典型标题是："绝妙的澳大利亚葡萄酒。"

甚至一个小小的公关，其效果也是可怕的。1991 年某个星期天的晚上，在 CBS 的《60 分钟》节目上，莫利·塞弗（Morley Safer）报道了法国之谜。"法国和地中海国家的居民吃的食物脂肪含量比我们更高，且比我们抽更多烟、喝更多酒，但是心脏血管比我们健康。为什么？"根据这个报告，莫利·塞弗说这都是由于喝红葡萄酒的功效。从那以后，红葡萄酒的销量飞升了。

建立冷酒器品牌

冷酒器曾经是一个红火的广告品类。第一个品牌是加利佛尼亚冷酒器，它的"疯狂"的电视广告暗示，冷酒器是为海滩朗姆酒准备的。然后 Bartles & Jaymes 推出了弗兰克（Frank）和艾德（Ed）主演的获奖广告。这两个相貌平平的老伙计用埋没自己的收尾语"我们感谢你的支持"结束各自的广告。

仅 1986 年，盖洛在 Bartles & Jaymes 广告上就投入了大概 3 000 万美元；卡南戴格瓦（Canandaigua）在阳光家园经典（Sun Country Classic）冷酒器广告上花了 3300 万美元，用林戈·斯塔尔（Ringo Starr）做它的代言人；施格兰（Seagram）也在它的金色（Golden）冷酒器上花了很多钱，付给布鲁斯·威利斯大约 500 万美元来为其产品叫卖。

结果 1986 年成就了冷酒器销售的高潮。但在负面公关影响下，它们很快降温了。到 1992 年，销量下降到了六年前的一半。后来持续下降。

遗漏的要素

大多数营销策划遗漏的要素是有名的代言人。产品不制造公关，人制造公关。媒体不能采访一辆汽车、一条面包或一罐啤酒。他们只能采访一个真实的活生生的人。

但是很多公关策划都着重于公司和公司正在推出的新产品或新服务。当然，新闻发布可能包括公司内部和外部各种人的评论，但是他们常常不只关注一个人。反对意见说："我们不想把这个非凡的新产品归功于一个人，它是团队努力的结果。"

在公关中没有团队努力这回事。NBC、CBS 和 ABC 不能（也不会）采访一个团队，它们想关注对那个非凡的新产品负最大责任的人。

代言人是品牌的面貌和声音，任何公关策划的最终成功在一定程度上依赖代言人是否有效。谁该是发言人是一个关键的决定，不能草率决定。

谁是最好的代言人？在大多数情况下，是 CEO。CEO 对品牌的成功或失败负有最大的责任。

高科技公司可能最理解这个公关原理。实际上每个高科技公司都有一个发言人，他几乎和公司自身一样出名。

- 比尔·盖茨（Bill Gates）和微软；
- 拉里·埃利森（Larry Ellison）和甲骨文；
- 斯科特·麦克尼利（Scott McNealy）和太阳微系统；
- 郭士纳（Lou Gerstner）和 IBM；
- 史蒂夫·乔布斯（Steve Jobs）和苹果；

- 汤姆·西贝尔（Tom Siebel）和希柏系统；

- 安迪·格鲁夫（Andy Grove）和英特尔；

- 迈克尔·戴尔（Michael Dell）和戴尔电脑。

在高科技领域，如果你的 CEO 不出名，你的公司就不可能出名和成功。

如果你的 CEO 不擅长和媒体打交道该怎么办？基本答案是，你需要一个新的 CEO。实际上，一个公司的 CEO 若没有决断力，公司应该选出能担当此任的人并让他成为公司的发言人。

公关对一个公司和品牌的长期成功如此重要，CEO 不少于一半的时间应该花在公关上。这是公关时代，它对 CEO 的影响和对公司其他人一样多。

看看过去建立品牌的成功案例，大多数是公关的成功，而且其中很多公关的成功是由名人代言推动的。

- 理查德·布兰森（Richard Branson）和维珍航空公司；

- 特德·特纳（Ted Turner）和 CNN；

- 霍华德·舒尔茨（Howard Schultz）和星巴克；

- 安妮塔·罗迪克（Anita Roddick）和美体小铺；

- 唐纳德·特朗普（Donald Trump）和特朗普集团；

- 玛莎·斯图尔特（Martha Stewart）和她的杂志，电视节目及产品线；

- 奥普拉·温弗瑞（Oprah Winfrey）和她的杂志和电视节目。

建立快餐名人

适用于高科技行业的真理同样适用于快餐行业。很多获得成功的大快餐业务是由名人代言推动的。

- 山德士上校（Colonel Sanders）和肯德基；
- 雷·克罗克（Ray Kroc）和麦当劳；
- 戴夫·托马斯（Dave Thomas）和温迪汉堡连锁店；
- 汤姆·莫纳汉（Tom Monaghan）和达美乐比萨；
- 约翰·施耐德（John Schnatter）和"棒！约翰"；
- 黛比·菲尔兹（Debbie Fields）和菲尔兹太太的曲奇饼。

汉堡王有很多问题，其中之一就是缺乏一个强有力的代言人。杰弗里·坎贝尔（Jeffrey Campbell）几乎就要担任这个职位时，却在"赫布"（Herb）灾难后离开。

赫布是美国唯一一个没有吃过巨无霸汉堡的人，这属于"野蛮和疯狂"的广告，通常受到创意界的喜爱。但是赫布跨过了界，它受到普遍的指责。

在快餐业发生的情况也发生在"慢餐业"。你不聘用一个名人厨师就不能开一家成功的铺白色桌布的高档餐馆。不是为了吸引顾客，而是为了吸引媒体的注意（如果没有媒体的报道，顾客如何知道某个餐馆有一个名人厨师？）。查利·特罗特（Charlie Trotter）、沃尔夫冈·帕克（Wolfgang Puck）、阿兰·杜卡斯（Alain Ducasse）、丹尼尔·布鲁德（Daniel Boulud）、埃默·拉加斯（Emeril lagasse）、罗伊·山口（Roy Yamaguchi）和琼·乔治斯·冯格里奇顿（Jean-Georges Vongerichten）是一些让餐馆获得成功的名人厨师。

高级餐馆很少做广告或不做广告。没有有利的公关，它们将没有顾客，但是也不需要不断的公关。这像是点火，你最初需要大量的公关让火燃烧，一旦它点着了，也就是餐馆有了足够数量的核心顾客，口碑会让它持续燃烧，并且没有公关也会维持很久。

建立金融名人

另一个非凡的成功名人是查尔斯·施瓦布（Charles Schwab），他开创了第一个折扣经纪公司，成为一个新品类的第一，他和公司拥有相同的名字，对强力公关而言是一个理想的组合。查尔斯·施瓦布和公司驶到了关于折扣经纪公司的优势（和劣势）的公关河流的上游。

你也要牢记，记者也是人。他们在公司出名之前不想写或谈论公司，他们最不愿意做的事情是让你的公司出名。

记者想谈的是新概念和新理念，比如折扣经纪公司和新的加利福尼亚葡萄酒酿酒厂。不知名的公司 [像嘉信理财（Charles Schwab）刚建立时] 可以搭个便车，实质上讲述其他发展的报道。你可以利用这个实质的战略来为媒体提供素材。你不推销你自己，而是宣传你正首推的新概念或新理念。在这个过程中，你的公司也会突然出名。

1946 年，亨利·布洛克（Henry Bloch）和理查德·布洛克（Richard Bloch）在堪萨斯州开办了联合业务公司（United Business Company）。这个刚起步的公司为公司提供簿记、收集、管理和税收服务。一个有着像联合业务这样通用名字的几乎提供所有服务的小公司几乎没有机会在报上看到它的名字。

直到 9 年后，布洛克两兄弟做了个营销历史上的重要决定。他们决定只聚焦于一种服务：税务准备。他们还决定把公司的名字改成 H&R Block。[他们不想让顾客把名字念成 blotch（弄脏的意思）]。

两个改动都很妙。H&R Block 成了第一个全国税务准备公司，这个第一是无尽公关的源泉。每年在 4 月 15 日左右，媒体会让谁做所得税的评论？当然是 H&R Block。不仅是这家公司，而且还有亨利和理查德。

当你的名字贴在门上时，你在媒体面前就有了可信度，这是我们真心认同的趋势。躲在公关发言人背后不该是 CEO 的选择。有些我们合作过的 CEO 担心像 Bloch 那样改名字会带来法律问题，如社会保障记录、所得税退税、驾驶证等。

不要有任何担心。把新名字当做一个让人知晓的替代名字使用，不要为更改你的个人记录操心。换句话说，在办公室用 Block，在家用 Bloch。

比萨名人

成功公司的历史中有很多相似的例子。公司缩小聚焦以便成为一个新品类的第一，然后在通常由创办人制造的一系列公关后获得成功。

当达美乐比萨刚开业时，汤姆·莫纳汉在店里卖比萨和潜水艇汉堡，还有外卖比萨。他放弃了潜水艇汉堡业务，成了纯粹比萨外卖的连锁店。

在外卖比萨中没有公关潜力，大多数的小零售店已经那么做了。公关是围绕达美乐是只提供家庭递送的第一个比萨连锁店这个概念产生的。这是个新概念，而且媒体对此很感兴趣。

当小凯撒（Little Cawsars）刚开业时，迈克尔·伊里奇（Michael Ilitch）和玛丽安·伊里奇（Marian Ilitch）卖比萨、油爆虾、炸鱼和烤鸡。只有在伊里奇夫妇聚焦比萨后，特别是外带比萨后，他们才建立了便宜食品的名声（花一个比萨的钱能买两个）。

"棒！约翰"刚开业时，约翰·施耐德卖比萨、干酪牛排三明治、潜水艇汉堡、炸蘑菇、炸南瓜、沙拉和洋葱圈。只有在"棒！约翰"聚焦比萨后，这个连锁才开始取得进展。但是导致"棒！约翰"成长的关键决定是聚焦更好的原料，这个概念的说法是"更好的原料，更好的比萨"。

"更好的原料"战略制造了很多媒体文章，包括必胜客的诉讼，这些让媒体对它的报道持续了很多年。没有比争执更能引起媒体的兴趣了。

建立一个个人品牌

发展最快的领域之一是个人公关。如果今天你想在公司里前进，你个人必须"看得见"。你如何做？推出一个广告策划吗？显然不是。

个人公关可以做到这一点，如在行业媒体上报道的讲话，在封面或封底上写的文章，记者在报道中引用的话。

在教育领域，某些特定机构的品牌打造是少数引人注目的个体成果。如哈佛商学院的迈克尔·波特，西北大学凯洛格商学院的菲利普·科特勒。

如果你正在服装行业开办一个新公司，你几乎必须要设法制造一个名人设计师。比如，可可·香奈儿（Coco Chanel）、克里斯汀·迪奥（Christian Dior）、圣罗兰（Yves Saint Laurent）、范思哲（Gianni Versace）、卡尔文·克莱因（Calvin Klein）、拉尔夫·劳伦（Ralph Lauren）和汤米·希尔费格（Tommy Hilfiger）。

看看肖恩·库姆斯（Sean "Puffy" Combs，吹牛老爹）和他的服装公司肖恩·约翰（Sean John）的成功。该公司在创办两年后，年销售额就超过2亿美元。当然没有广告，但是肖恩·库姆斯在公关和促销上花了很多钱，包括花124万美元在曼哈顿的斯普列尼（Cipriani）宴会厅推出他最新的产品线，仅仅一张邀请函的花费就超过60美元。这个事件上了《纽约时报》的封面。

谈谈品牌线延伸题目

读过我们以前写的书的人都知道，我们一直立场坚定地反对品牌线延伸。除了通常的原因之外，还因为品牌线延伸得到的媒体反馈通常是不友善的。

对一个编辑或记者来说，品牌线延伸听起来像一个"我也是"的跟风产品。通过模仿别人突破性的产品而推出的产品并不会引起媒体的兴趣。只有你自己有突破性产品时，媒体才会感兴趣。下面是一些例子：

- Palm，第一种掌上电脑；
- 黑莓，第一种无线电子邮件设备；
- 极碟驱动器（Zip Drive），第一种个人电脑的高容量外部存储设备。

这三个"第一"制造了大量的公关，帮助它们在各自的领域中确立了领先者的定位。

对比无脂纽顿曲奇（Fat Free Fig Newtons）和第一种不含脂肪的斯纳克威尔曲奇（SnackWell's）。两个品牌都是纳贝斯克（Nabisco）在1992年推出的产品，但是斯纳克威尔曲奇制造了大量的公关，而无脂纽顿曲奇是品牌线的延伸，它实际上被媒体忽略了。

公关让斯纳克威尔曲奇成了家喻户晓的名字，三年后销售额飞升到了6.03亿美元。到1995年，斯纳克威尔曲奇成了十大最畅销的饼干品牌之一。

不幸的是，销量的下降也一样快，在六年后降到了1.34亿美元。为什么？纳贝斯克给这个品牌添加了很多延伸产品（没有一个制造很多公关），因此犯了无脂纽顿曲奇上所犯下的同样的错误。有些品牌线延伸产品甚至包括并不是无脂的曲奇和克力架，完全把人搞混了。

当然制造公关是不够的，你必须制造正确类型的公关。

过去的情况是任何类型的公关总强过没有公关。只有当市场有极少量的品牌和大多数品牌认知程度低的时候才会生效。今天，即便没有成千上万也有成百上千的品牌有90%的认知度。（看看国际品牌集团的100个最有价值的品牌排行，从第一名的可口可乐到第100名的贝纳通。我们敢打赌你认识每一个品牌并且也知道每个品牌代表了什么。）

新可乐的灾难

不是所有的品牌线延伸都是公关灾难。有些品牌线延伸可能是公关的成功，但是是产品的灾难。

当可口可乐公司推出新可乐时，公告打开了公关的水闸。那时可口可乐的公关公司估计，新可乐的推出可以制造约 10 亿美元价值的免费公关。

可能公关公司是想说 10 亿美元价值的免费公关是同盟者的钱，因为没有一行字或一个电视镜头对可口可乐品牌有丁点价值。免费公关毁了这个品牌。

在不到三个月之后，可口可乐公司意识到它的问题，撤退得比迈克尔·杰克逊跳太空舞还要快。

为什么可口可乐的公关公司没人说："等一下。可口可乐是正宗货。它那叫做 7X 的秘密配方是如此值钱，以至于被锁在亚特兰大的保险箱里。你想改变配方？那就像是推出一个新的改进过的上帝一样。"

可能他们这么做了，但是我们的感觉是，公关人太聚焦新可乐的公关潜力，从而忘了品牌在心智中的定位。

IBM 个人电脑的不幸

1985 年 4 月新可乐的推出导致了价值 10 亿美元的免费公关，那么 1981 年 IBM 个人电脑的推出至少值 20 亿美元的公关价值，这又是一个战略错误。

IBM 个人电脑也是品牌线延伸缺乏公关潜力这个通用原则的例外。发动公关引擎的事件是 IBM 个人电脑是针对办公市场的第一种严格的 16 比特个人电脑。这个发展非常重要，是以遮盖了品牌线延伸的虚弱的名字。

与之相比，那时苹果IIe、康懋达（Commodore）PET、雷沙（Radio Shack）TRS-80和市场上所有其他个人电脑是为家庭设计的8比特的电脑。

IBM个人电脑推出的影响也是巨大的。1983年1月，IBM个人电脑被《时代》杂志选为"年度机器"。这是第一次一个没有生命的物件代替了人类成了该杂志的年度人物。

20年后的2001年，IBM个人电脑推出后的20周年吸引了包括比尔·盖茨在内的明星云集，并且制造了价值几百万美元的有利公关。

在公关历史上，IBM个人电脑的推出将位于施乐914复印机和宝丽来兰德照相机的推出之上，除了一件事。

施乐和宝丽来继续前进成了大品牌。个人电脑带给IBM的除了巨大亏损和从商务个人电脑市场上的全面撤退之外，没有其他东西。品牌线延伸容易导致这种局面。

你以为在个人电脑推出前，IBM的公关公司为它提出了一个新品牌名称吗？不可能。但是这确实是今后的公关公司必须面对的战略问题。

不要依赖广告公司的任何帮助。一个广告公司会喜欢品牌线延伸的名字，因为通常意味着它能够继续做这个品牌。一个新品牌名字通常意味着客户也决定聘用一个新广告公司。

想想品牌线延伸的后果。当你扩大你的品牌线去添加不相似的产品，就像IBM推出个人电脑，你就失去你的焦点。你不能为"品牌产品线"做广告或公关，因为这一线产品除了名字之外没有共通的地方，所以你必须为"延伸"做广告或公关。那就制造了混乱。IBM是什么？它是一个主机电脑或是一个个人电脑？

日本汽车的胜利

想想三大日本汽车公司——丰田、本田和日产运用的战略。三个公司都想在产品阶梯上从小型入门级汽车上升到更大型、更昂贵的汽车。

丰田推出了丰田 BC（大型车）吗？本田推出了超级本田吗？日产推出了顶级日产吗？没有，三个日本汽车公司都推出了新品牌：雷克萨斯（Lexus）、讴歌（Acura）和英菲尼迪（Infiniti）。

在推出时，三个品牌都从有利的公关中受益，并且三个新品牌在美国市场上都获得了成功。

特别是雷克萨斯。今天雷克萨斯是美国销量最大的豪华汽车品牌，销量超过梅赛德斯 – 奔驰、宝马、林肯和凯迪拉克。

现在你觉得叫做丰田 BC 的汽车和梅赛德斯 – 奔驰、宝马、林肯和凯迪拉克竞争的结果会如何？不太好。挑选正确的名字是你要做的最重要的营销决定，正确的名字会促发有利的公关和有利的消费者认知。

错误的名字导致一无是处。

改进的道路通往灾难

在一个品牌名字上放的产品越多，这个品牌就越虚弱。

20 世纪 80 年代早期，IBM 在推出个人电脑的时候，它是世界上最强大的公司，它赚的钱最多，名声最响。但是今天 IBM 个人电脑只有 6% 的市场份额。

虽然如此，IBM 还是个例外。公司的实力和 IBM 品牌的实力让其个人电脑得以维系。

当品牌延伸和一个无力的名字组合在一起时，结果甚至更糟。AT&T、ITT、德州仪器（Texas Instruments）、雅达利（Atari）、天美时（Timex）和美泰（Mattel）制造的个人电脑在哪里？都消失了，被它们的品牌延伸的名字消灭了。

（如果你相信品牌延伸，很多营销人也相信，那么问问你自己：你能用什么样的理由让丰田公司把雷克萨斯改为丰田？甚至现在为时已晚，我们也知道该如何设法说服 IBM 让它们用一个不同的名称来命名其个人电脑。但是你如何对雷克萨斯说让它朝相反的方向走呢？）

很多美国制药公司发现，一个第二品牌比起品牌延伸是一个更好的方法，甚至是同样的药品，情况也一样。葛兰素史克公司销售抗抑郁药威博隽（Wellbutrin，年销售额 6.51 亿美元）和戒烟药戒伴（Zyban，年销售额 1.66 亿美元），两种药有相同的活性成分——安非他酮。

礼来公司（Eli Lilly）有历史上最出名和最成功的抗抑郁药——百忧解，它占到了销售总额的 30%。礼来公司为它起了新名称。礼来公司把含有盐酸氟西汀的百忧解改名叫做沙乐芬（Sarafem），并作为新药品推出。沙乐芬被宣传能够治疗 PMDD（经前期紧张综合征）。礼来公司把盐酸氟西汀以全新药品推出，能以一种对百忧解品牌的公关所不能实现的方式来影响妇女和她们的医生。百忧解是旧闻了，沙乐芬和 PMDD 才是最新的新闻。

默克公司（Merck）销售的保列治（Proscar）治疗前列腺肥大，保发止（Propecia）治疗男性秃顶，两种药有相同的成分——非那雄胺（fineasteride）。（如果主张品牌延伸的人接触这些产品，他们可能会使用一个名字，主题是"从头到脚，这是你需要的药。"）

没错，品牌延伸抑制公关。尽管新可乐和 IBM 个人电脑制造了大量的媒体报道，我们相信品牌线延伸通常抑制公关报道，而新品牌名称会促进公关报道。假设 IBM 成立了一个独立部门，用一个独立的名字推出其第一种针对办公市场的个人电脑，我们相信最初的媒体报道会更大。

一个新名字可以更加强调新品牌背后的人和环境。而且，媒体会提出这样的问题，如："你为何使用一个新名字而不是 IBM？"[一个新品牌能制造正面公关，一个好例子就是土星（Saturn）。"一家不同种类的公司。一辆不同种类的汽车。"即使土星仅仅是通用汽车的另一款而已。]

从战略角度看，当然一个新名字能帮助品牌在心智中建立起新品类的领先者形象。

广告人常常持相反的意见。他们称建立一个新品牌的成本太高。当然，他们的意思是，试图用广告建立一个新品牌的成本太高了。

当我们建议用新名字时，"成本太高"是我们得到的最大的反对意见。公司把新品牌等同于耗费巨资的新的广告策划。

他们不应该这样。对一个新品牌来说，广告没有可信度。当品牌通过公关建立可信度后，然后才可能使用广告，但是一个新品牌几乎从不应该用广告推出。

推出通用汽车的小型车品牌

看看通用汽车推出一个小型车品牌的努力。它们首先尝试用雪佛兰（一个典型的品牌延伸）。在多年销量平平后，它们最后停止了雪佛兰这一生产线。

为什么没人要买小型雪佛兰？（它不是正宗货。）很多人也不想买 IBM 个人电脑，是基于同样的原因。对品牌延伸，人们从来不会孤立地看待，而总是从与核心品牌相关的角度去看待。

然后雪佛兰变成了雪佛兰 Geo。它们特别努力地把 Geo 品牌和雪佛兰品牌分离开来。广告说 Geo，而不是雪佛兰；汽车写着 Geo，而不是雪佛兰。不幸的是，通用汽车让雪佛兰的经销商销售 Geo，所以消费者自然会说"雪佛兰 Geo"。

（雷克萨斯、讴歌和英菲尼迪被认为是独立品牌，但是相似的汽车 Diamante 被认为是三菱，因为它是在三菱的经销商那里销售。如果它看上去像鸭子而且走起来也像鸭子，但是它在鸡店里销售，我们也认为它是只鸡。）

然后雪佛兰，或者说通用汽车，醒悟了。通用汽车推出了它的小型雪佛兰，叫土星。这款车在土星自己的经销商那里销售，却宣称是由不同的汽车公司生产的。很自然土星的推出在公关上富有成效并获得了巨大成功。

土星经销商平均一年售出的汽车超过其他品牌经销商售出的汽车。

有趣的是，土星是美国唯一一个只有一款车型的汽车（你可能看到有双门或四门或旅行车的不同样式，但是它实质上是一种车型，土星称之为"S 系列"）。

然后土星推出了一款更大更贵的车型——L 系列，但是没有获得成功，并且开始把强大的土星品牌变成一个像雪佛兰那样的无力的品牌。

当你让像土星那样的品牌狭窄聚焦时，你就制造了很多公关机会。在该车推出三周年时，公司在田纳西州的斯普林希尔工厂为土星车主举行了"回家"活动。大概有 4.4 万个车主和家庭到场，另外 17 万人参加了经销商的活动。（雪佛兰也该试着那么做。）

土星所做的（在它迷失之前）和哈雷－戴维森做的是一样的事情——建立一个忠实的车三群体，他们会把这个品牌推销给他们的朋友和邻居。HOG（哈雷车主俱乐部）是世界上最大的摩托车俱乐部，在全世界有超过 60 万的会员和 1 200 个分部。

在生活阶梯上爬行

土星为什么推出更大更贵的车型 L 系列呢？它们想，当它们的顾客长大有了家庭并想要更豪华的汽车时抓住他们。这听起来有道理，但这却是个有漏洞的战略。

当一个顾客在生活阶梯上爬行时，他把品牌当台阶用。单身的人可能会买土星，因为它漂亮并且便宜。当那个人升职后，他可能会买宝马。当他结婚并有了孩子后，他可能会买沃尔沃。当他离婚后，妻子抚养孩子，拥有房子和沃尔沃，而丈夫就会买一辆法拉利。

没有聚焦的品牌不能和生活阶梯的台阶相匹配。当你想吸引每个人时，结果是你吸引不了任何人。

战略对一个公关策划较之对一个广告策划更重要。即使你的战略一塌糊涂，你总能播广告。但是公关不同，如果战略糟糕，公关就不存在。

Fahrvergnügen 的故事

很多年前，大众发现它的处境和雪佛兰一样。它们试图推出鲜有相同点的全线汽车。所以大众的广告公司编制了主题 Fahrvergnügen，德语的意思是"愉快的驾驶体验"。这个活动有 1 亿美元的预算，购买了很多媒体的时间和空间。

但是在 Fahrvergnügen 中有多少公关潜力？不多。

"1990 年大众车有什么新的地方吗？"一个汽车记者可能会问。

"它们都是 Fahrvergnügen。"

当被问到公司为何在 Fahrvergnügen 上投入 1 亿美元时，公司副总裁说："它和今天市场上的任何价格和折扣广告完全不同。"

那可能是对的，但是显然这个活动对大众的销售没有多大帮助，销量在接下来的几年内直线下落。

在广告和营销圈内有很多 Fahrvergnügen 的活动，新的、不同寻常的、180 度大转变的，但这对公关完全没用。

公关必须抓住主动性，让公司相信品牌是用公关而不是广告建立的，然后制定能制造有效公关的打造品牌的战略。

如果一个广告公司制定打造品牌的战略，它通常是 Fahrvergnügen 时间。"广告业务每况愈下，"大卫·奥格威（David Ogilvy）说，"那些创造它的人正在把它拉倒，那些人不知道如何销售产品，他们在一生中都未曾卖出过产品，他们看不起销售，他们的使命是炫耀他们的聪明，并诓骗客户的钱去展现他们的原创和天分。"

Fahrvergnügen 不是营销舞台的唯一恶名，在市场上有太多无的放矢的东西。

谈谈名字

除非取对了名字，否则营销中任何东西都不能成功。如果名字取错了，这个世界上最好的公司、最好的产品、最好的包装和最好的营销就不会奏效。第一种淡啤，加布林格（Gablinger's）啤酒以电视广告推出，电视广告获得了奖项，受到了大量的公众关注，但是这个品牌很快就失败了。

一般的想法认为是因为它的口味不好，但是口味除了在口中也在心智中。[如果你曾经给一个蒙上眼睛的孩子吃意大利面条，并告诉这个孩子只有吃这种虫子才能进入 SAE（Sigma Alpha Epsilon）⊖的话，你就知道我们是什么意思了。]

任何叫做加布林格的啤酒都不会有好味道，特别是当它是一个低热量产品的时候。叫做云岭（Yuengling）的啤酒味道也不会好。有过叫做云岭的啤酒吗？当然。

什么是正确的名字，什么是错误的名字？不能孤立地看待，必须联系它们的品类来看待名字。

⊖ 大学生联谊会。——译者注

每个品类是不同的

有些品类是有趣的，有些品类是严肃的。爆米花是一个有趣的品类，费思（Faith）爆米花就是有趣的名字；啤酒是一个严肃的品类，夏洛特（Charlotte）啤酒就是严肃的名字。

瑞登巴克（Orville Redenbacher's）可能是一个糟透的啤酒名字，但是它是一个很好的爆米花的名字，因为爆米花是一个有趣的产品，而瑞登巴克是一个有趣的名字。实际上，瑞登巴克成了美国国内销量最大的爆米花品牌（为了把品牌放入爆米花消费者的心智中，瑞登巴克和他妻子无数次地来回往返拜访每个大城市的电台和电视台、报纸和杂志）。

瑞登巴克的巨大突破是在芝加哥，他说服马歇尔·菲尔德（Marshall Field's）百货销售他的爆米花。为了庆祝这个事件，他租下芝加哥 Gas Light 俱乐部，为食品编辑举行了聚会。由此产生的公关把瑞登巴克的爆米花带上了走向全国的成功之路。

严肃和有趣只是一个品类成百上千的特性中的两个。品类可以是年老的、年轻的，高科技的、低科技的，高度时尚的、低时尚的，男子气的、女性化的，这些只是一部分。成功的品牌名称必须意味着这个品类的核心特性 [对一种能量饮料来说，红牛（Red Bull）是一个优秀的品牌名称]。

名字也暗示相反的东西。快速减肥（Slim-Fast）吸引哪些人，瘦的人还是肥胖的人？显然"快速减肥"吸引的是自己感到超重的人。在快速减肥的案例中，这是可以接受的。

那么一家名为品质旅馆（Quality Inn）的汽车旅馆面向的是那些想要寻找一个像丽思卡尔顿（Rita-Carlton）酒店那样高档地方过夜的人吗？根本不是。优质旅馆吸引讲求"合算"的人。

一个澳大利亚企业家正计划开一个高档服装连锁店，命名为"尊严"（Esteem）。一个叫做"尊严"的店吸引哪些人？自尊心弱的人，那是不能接受的。自尊心弱的人很少承认这个事实。

如果你有一个糟糕的名字，就改掉它

拉尔夫·利夫希茨（Ralph Lifshitz）在出名前改过名字。拉尔夫·利弗斯兹的 Polo 衫并没有拉尔夫·劳伦（Ralph Lauren）的 Polo 衫那样的威望。

在文学上，作者常常给人物起一个糟糕的名字以加强他们的反面特性。例如，查尔斯·狄更斯（Charles Dickens）的《圣诞颂歌》中的埃比尼泽·斯克鲁奇（Ebenezer Scrooge）；亚瑟·米勒（Arthur Miller）的《推销员之死》中的威利·洛曼（Willy Loman）；瑟斯博士（Dr. Seuss）的《圣诞怪杰》中的格林奇（Grinch）。但是为何在营销环境下接受一个糟糕的（或不合适的）名字呢？

我们曾经和一个意大利食品公司合作过，它想起一个新名字。在我们为这个公司起了一个合适的意大利名字后，我们有勇气建议 CEO 和所有者把公司名字（是法语）改成我们挑选的新的意大利名字。

为什么不？公司会花几十万美元起一个品牌名称，然后把那个品牌名称放到一个有着完全不合适名字的 CEO 的口中。

从打造品牌的角度看，一个大公司的 CEO 和一个电视或电影明星处于相同的位置。一个简短、容易记忆的名字极大简化了打造品牌的过程。这是好莱坞传奇人物中很多人改名字的原因。

- 艾伦·康尼斯堡（Allen Konigsberg）成了伍迪·艾伦（Woody Allen）；
- 阿方索·达布鲁佐（Alphonso D'Abruzzo）成了艾伦·阿尔达（Alan Alda）；

- 阿奇博尔德·利奇（Archibald Leech）成了卡里·格兰特（Cary Grant）；

- 谢瑞林·萨克沙恩（Cherilyn Shakisian）成了雪儿（Cher）；

- 汤姆·马波瑟（Tom Mapother）成了汤姆·克鲁斯（Tom Cruise）；

- 伯尼·施瓦茨（Bernie Schwartz）成了托尼·柯蒂斯（Tony Curtis）；

- 戴安娜·弗里森（Diane Friesen）成了迪安·坎农（Dyan Cannon）；

- 玛格丽特·海拉（Margaret Hyra）成了梅格·瑞恩（Meg Ryan）；

- 尤金·奥洛维兹（Eugene Orowitz）成了迈克尔·兰登（Michael Landon）；

- 弗朗西丝·格姆（Frances Gumm）成了朱迪·加兰（Judy Garland）；

- 伊苏尔·丹尼尔洛维（Issur Danielovitch）成了柯克·道格拉斯（Kirk Douglas）；

- 莫里斯·迈克尔怀特（Maurice Micklewhite）成了迈克尔·凯恩（Michael Caine）；

- 迈克尔·吉托斯（Michael Guitosi）成了罗伯特·布莱克（Robert Blake）；

- 雪莉·斯里福特（Shirley Schrift）成了谢利·温特斯（Shelley Winters）；

- 沃尔特·马图斯坎斯卡亚斯基（Walter Matuschanskayasky）成了沃尔特·马修（Walter Matthau）。

心智的操作系统

语言是心智的操作系统，没有词语是凭它自己的优点让人接受的。每个声音、每个音节有它自己的含意，有时是正面的，有时是负面的，有时是中性的。如果你想在心智中建立一个有利的印象，你必须使用能反映你设法建立的认知的词。

唐纳德·特朗普（Donald Trump）的姓是德鲁姆夫（Drumpf）。德鲁姆夫大楼能和特朗普大楼卖得一样好吗？我们认为不会。就这而言，利普舒茨（Lipshitz）大夏或者本·拉登（Bin Laden）大厦也不会。

美国第二大普地房地产公司（Pulte Homes）向我们咨询一个打造品牌的项目。他告诉我们，它有一个很大的机会，60%的住宅主人不知道他们屋子的建造商是谁。

我们能够理解。如果我们的房子是由帕尔迪建造的，我们也不想记住那个名字。改掉你的名字吧。

没有机会（创办人的名字是帕尔迪）。所以公司现在每年在广告上花3 000万美元，包括在梅西（Macy's）感恩节游行中的花车和电视广告。广告公司是Bcom3 Group's D'Arcy Masius Benton & Bowles（至少它们雇用的广告公司不会抱怨使用了一个糟糕的名字）。

沙特本拉登集团（Saudi Binladin Group）是全球最大的建筑公司之一，它最近正在面试公关公司。如果你的公关公司得到了沙特本拉登集团的业务，你建议的第一件事是什么？

很多公司当提到它们自己的品牌问题时就会装聋作哑。为什么凯洛格公司用勒古（LeGout）这个名字营销沙司和肉汤？它们没有意识到消费者可能以为勒古沙司有点太浓了吗？

然后有一个叫萨比（Sappi）的公司，它把自己叫做"优质纸张的名字"。我们认为萨比是弱智的名字。

建立一个啤酒品牌

我们曾经为匹兹堡酿酒公司（Pittsburgh Brewing Company）服务过，它们的主打品牌是钢铁城（Iron City）啤酒。客户想让这个品牌走向全国，自然我们说办不到。

为什么钢铁城不能成为一个全国品牌？酿酒公司的管理层想知道。

既然宾夕法尼亚的拉托贝酿造的滚石牌（Rooling Rock）能成为全国成功的一个品牌，为什么"钢铁城"不能呢？

钢铁城不是滚石。啤酒可能相似，但是名字不同。滚石像是凉爽的瀑布滑过舌头，而钢铁城唤起的是钢铁和绝望的负面想象。你如何向那些住在匹兹堡的人解释"生锈的（rusty）啤酒"在帕洛阿尔托（Palo Alto）或者棕榈滩（Palm Peach）卖不掉？这不容易。

[你如何向那些住在威斯康星州绿湾（Green Bay）的人解释，那些凸圆头（cheesehead）帽子不可能成为一个时尚的东西。]

你认为舒立兹（Schlitz）为什么不再像它以前那样是美国销售最好的啤酒？可能是名字的原因吗？当我刚刚足够大到可以喝酒时，酒馆中的人有一首打油诗这么说的："在杯中它可能是布斯特（Pabst），但是在裤子中它是舒立兹。"

马鲭鱼和其他失败者的名字

金枪鱼曾经有一个钢铁城啤酒那样的名字——马鲭鱼（Horse Mackerel）。卡诺来（Canola）油曾经叫做菜籽油。如果你有马鲭鱼和菜籽油那样的名字，就改掉它。名字至关重要，特别是在公关中。在公关中，信息完全不受你的控制。

很多年前，袖珍鸡被称为"洛克考尼什（Rock Cornish）玩具鸡"。最近加利福尼亚梅干（Prune）协会获得政府许可，开始把梅干叫做"干梅"。但是让这个变化来改善梅干的名声可能太迟了。梅干这个名字早已牢牢地建立在人们的心智中了，改变心智即使不是不可能，也是很困难的事情。

改变名字的时机是在它进入心智之前。中国的猕猴桃在美国不出名，直到一个进口商把它的名字改为奇异果（kiwifruit）。[有些食品有双重名字，比如榛子（hazelnut）也叫做 filbert，鹰嘴豆（chickpeas）

也叫做 garbanzos。上次你要一杯 filbert 口味的咖啡是什么时候？好名字更广泛地被使用。]

10 年前，通用汽车为它的新电动汽车选了"冲击"（Impact）⊖这个名字。"冲击"对汽车品牌来说不是一个好选择，因为该名字唤起错误的画面："什么，已经发生致命事故了吗？"杰伊·雷诺（Jay Leno）嘲讽地说。

弗·斯科特·菲茨杰拉德（F. Scott Fitzgerald）想把他的书叫做《特立马乔》（*Trimalchio*），直到他的编辑说服他把名字改为《了不起的盖茨比》（*The Great Gatsby*）。《乱世佳人》（*Gone With the Wind*）中的女主角最初叫潘茜·奥哈拉（Pansy O'Hara），直到一个编辑把名字改为斯嘉丽（Scarlett）。

爱丽丝·罗森鲍姆（Alice Rosenbaum）把她的名字改为艾恩·兰德（Ayn Rand），费丝·普罗特金（Faith Plotkin）把她的名字改为费丝·波普科恩（Faith Popcorn）。

格林纳达（Grenada）的棕榈树岛（Palm）曾经叫李子岛（Prune），巴哈马群岛（Bahama）上的天堂岛（Paradise）曾经叫公猪岛（Hog）。

当你给你的品牌赋予强大的名字时，名字本身会制造有效的公关。威尔逊（Wilson）把它新的网球拍叫做"铁锤"（Hammer），每个网球好手都必须要有一副。卡拉威（Callaway）把它的特大球杆叫做"大百发"（Big Bertha），每个精通高尔夫的选手都要买一把。耐克把它的跑鞋叫做"Air Max"，每个认真的跑步者都要有一双。

一个航空公司还是一只不能飞的鸟

为什么你把一个在美国东海岸起落的航空公司叫做美国基维国际

⊖ 还有碰撞的意思。——译者注

航空公司（United States Kiwi International Airlines）？ kiwi（几维鸟）是一种新西兰不会飞的鸟，把它作为美国航空公司的品牌名称不合理。

基维创办 4 年后，即 1996 年，它破产了。当成了一个不能飞的航空公司时，它的 CEO 把公司的倒闭归咎于瓦卢杰（ValuJet）的坠机和政府对新起步的航空公司加大力度的审查，并没有提及它那不能飞的名字。

1994 年，基维被《康德纳仕旅游者》（*Conde Nast Traveler*）的读者评为最佳国内航空公司，该杂志可能是旅游业最有权威的出版物。最好的国内航空公司怎么会在两年后倒闭呢？

品牌主要靠公关在心智中建立起来的。你猜记者可能会问基维管理层的第一个问题是什么？你为何给新泽西的航空公司起一个新西兰的名字？

[我们应该提醒你，瓦卢杰的飞机还在飞，但是是用不同的名字——穿越航空（AirTran）。像穿越航空那样的名字能救基维吗？我们认为会的。]

产品还是名字

对大多数 CEO 来说，名字无关紧要，重要的总是产品、价格、服务和分销，但是名字常常能制造重大的区别。万能支付卡（Master Charge）[在名字改为万事达卡（MasterCard）之前]是美国领先的信用卡公司，美洲银行卡（BankAmericard）处于第二位。1977 年 3 月，美洲银行卡把名字改为维萨（Visa）。

今天维萨的市场份额几乎是万事达卡的两倍，这个新名字更可信。其一，很多银行回避使用它们的竞争对手（美国银行）的名字。其二，维萨这个名字有魅力和国际名声，而万事达卡没有。

很多公司回避改名，因为它们认为这太昂贵了。当有人建议改名字时，想到的第一件事是一个昂贵的广告宣传。

为什么要在公关能做得更好却花钱更少的情况下，把钱花在为改名而做的广告上呢？当菲利浦·莫里斯公司（Philip Morris Companies Inc.）宣布将把公司名字改为奥驰亚集团公司（Altria Group Inc.）时，重任是由公关担当的。奥驰亚的广告几乎被忽略，有谁会来读一个标题是"当一个公司的成长超越它的名字时"这样的自我宣传的广告呢？

为什么是奥驰亚这个名字？"它从拉丁语 altus 引申而来，意思是高。"广告说："奥驰亚标志着我们公司不断追求更高的渴望——这永远是指导我们决策的哲理。"在奥驰亚的广告中没有看到烟草或香烟的字眼（改名的显然原因是要离开烟草）。

但是在关于同一个事件的新闻报道中烟草随处可见。《纽约时报》的标题说"公司将把注意力从烟草上移开。"如果所有的广告像你在媒体上看到、读到或听到的报道那样生硬、诚实、直白，我们猜测广告可能有可信度。但是一则诚实的广告在一片托词之中有什么效果？

"撒谎者，当他们说真话时，"亚里士多德说，"是不会让人相信的。"你播出的每个广告不是以你说话的分量来评定的，而是按它曾经播放的所有其他广告的分量来评定的（它可能是只鸭子，但是它生活在鸡的环境中）。

安达信咨询公司的新名字

改名常常能为制造有利的公关创造机会。安达信咨询公司（Anderson Consluting）从安达信会计师事务所（Arthur Andersen）分离，结果它被迫改名。员工竞赛提出了获胜的名字，埃森哲（Accenture），它是 accent on the future（立足将来）的缩写。

但是像埃森哲那样的名字，其公关潜力在哪里？就媒体而言，埃森哲仅仅是另一个和奥驰亚（Altria）、亚美亚（Avaya）、安万特（Aventis）、安捷伦（Agilent）和埃瑟里克斯（Azurix）等一样生造出来的名字。

一个好名字有报道价值。它意味着记者可以深入探索话题。在"立足将来"中故事的价值在哪里？哪个公司不是不断花时间研究、计划和担心未来？埃森哲听上去像又一个身价百万美元公司虚构出来的。

找到一个有报道价值的名称，意味着找到一个与竞争对手的区隔。实际上对安达信咨询公司来说是容易办到的。

安达信咨询公司不像它的竞争对手（IBM、EDS、KPMG 咨询公司和其他公司），它大量的员工直接从大学里招聘并在位于伊利诺伊州的圣查尔斯（St.Charles）的机构内以"安达信方式"培训。什么名字能利用这个区隔概念？

答案显然是圣查尔斯咨询公司。当一个记者问："为什么把公司叫做圣查尔斯咨询公司？"回答有效地定位了这个新公司。"我们称自己为圣查尔斯咨询公司，意在提醒人们注意，我们大量的员工在我们位于伊利诺伊州的圣查尔斯机构内以圣查尔斯的方式进行广泛地培训。"

不要误解。尽管名字不理想，但是像埃森哲这样的公司的规模和实力会让它获得成功。当你是亿万富翁或价值亿万的公司时，失去一个机会也不用慌惜。我们关心的是那些较小的公司，它们正盲目地追随埃森哲的道路。

"如果埃森哲能，我们为什么不能？"这可能是一个一般规模的公司的态度。但是对一个小型公司来说，选择一个新名字可能是关乎生死的决定。一个小型公司不是埃森哲，所以它需要一个最有可能获得有利公关的名字。

一个小公司犯的最大错误是模仿大公司。我们经常听到："为何我们不能什么东西都卖？而沃尔玛却可以。"我们的回答总是这样："你不是沃尔玛。"

当杰克·韦尔奇在 1981 年接任通用电气 CEO 时，公司很多业务就已经是第一或第二位了。有多少公司能从模仿通用电气获利？很少。

有人问贝比·鲁思（Babe Ruth），他如何为棒球赛做准备。贝比说，我到热闹的场所去，直到凌晨两点才回家，喝半夸脱威士忌，让自己享受。

在你被诱惑做同样的事情前，问你自己："我是贝比·鲁思吗？"或者你是沃尔玛吗？是通用电气吗？留在山顶和到达山顶是两码事。

没有令人兴奋的产品可以谈论吗？找一个。今天的公关战略家要做的工作，就是发现一个能制造公关的概念。但也不是任意形式的公关，而是能建立品牌的公关。

第 3 章

广告的新角色

A New Role for Advertising

维护品牌

广告的角色不是建立品牌，那是公关的角色和职能，广告的职能是维护品牌。

广告的角色是公关通过其他方式的延续，但是不能仅仅因为方法变了而意味着公关规划的政策也应该变。广告应该继续强化公关的概念和理念。

品牌天生具有创造"新闻"的能力，这是一个新品牌的本质。但是当一个品牌成长时会发生什么情况呢？它会用完它的公关潜力。

媒体喜爱星巴克、伟哥和PSP，但是你很少再看到关于这些品牌的报道。它们是昨日的新闻。

每个品牌迟早会撞上公关的墙。到那时无论你做什么，都不能吸引媒体让它们重新报道你的品牌故事。这时就该把品牌战略由公关转到广告了。

钓鱼探险

但是是哪种广告？很多公司在这上面偏离了轨道。品牌所有者不是通过投放广告来强化公关已经制造的效果，而是进行钓鱼式的探险。它们投放探测新市场、新利益或新的人群细分的广告。

- 沃尔沃拥有"安全"特性，所以它们的广告试图把品牌推到市场的性能那一边去。它们甚至推出了生产跑车和敞篷车的S-70线。一辆敞篷沃尔沃与它已有的认知是一个矛盾。
- H&R Block拥有"税务准备"特性，所以它们用广告试图把品牌延伸到能同时提供"金融服务"的领域。
- 喜力拥有年长人群的"高价进口"啤酒特性，所以它们试图用广告抓住年轻人和时尚人群。

这些品牌和其他品牌可能用这些战略获得某些成功，但成功可能是短期的。营销中的要素是确保不久的将来会和过去的趋势相似。当一个火箭用完燃料后，它继续上升直到它的动力不能战胜重力，然后从空中落下。

不是你父亲的老爷车

一个扩张失败的经典案例是老爷车奥兹莫比尔（Oldsmobile）。谁会忘记"这不是你父亲的老爷车"的广告？这个由广告驱动的营销策划，获得了惊人的认知度。

"这不是你父亲的老爷车"具备建立品牌广告应有的所有要素，它有一个容易记忆的口号，它有"谈论价值"，还有一个激励年轻群体购买老爷车的理由。

老爷车刚推出它的 Aurora 车型，然后推出 Alero 和 Intrigue 车型，这些车性能好、款式新颖，肯定能吸引年轻人。

尽管有这个活动，老爷车的销量还是下降了，并且更尴尬的是老爷车买主的平均年龄上升了。

你不能用广告对抗一个认知，你甚至不能用事实对抗一个认知。（甚至老爷车的名称也导致这种车是针对老年人的认知，为什么一个年轻人想要一辆老爷车呢？）

扩张 vs. 深化

经典的营销策略是用广告来"扩张品牌"。

- 橙汁不仅仅在早餐时饮用。——佛罗里达橙汁协会
- 我们不再是一个橙汁公司。除了橙汁，现在纯果乐（Tropicana）还销售柚子汁、苹果汁、葡萄汁、蔓越莓汁、杂果宾治、柠檬

汽水和 Twister 果汁饮料。

- 我们不再仅仅针对孩子。"回到童年"是迪斯尼乐园的主题，促使成年人去参观乐园。如果你没有孩子，你为何想游览迪斯尼乐园？

- 我们不再仅仅针对年轻一代。"不得不喝"是百事可乐一个只持续了很短时间的宣传主题，在这个宣传中有一些年长的时尚人群表演，比如约吉·贝拉（Yogi Berra）、吉米·康纳斯（Jimmy Connors）和乔伊斯·布拉泽斯博士（Dr.Joyce Brothers）。

"百事过去广告的一个缺点是太过于聚焦年轻人，"负责这个项目的广告公司的主管说，"如果我们扩大视野，撒一张更宽的网并抓住更多的人而不仅仅是孩子，我们原本可以获得更多。"

这是一个"谁会给猫系上铃铛"的情况。战略合理，但是并不会奏效，因为它依靠广告去做广告本身做不到的工作。

广告不能改变心智。广告不能在心智中把一个品牌由一个位置移到另一个位置，广告不能用新品牌替代心智中的一个既有品牌，所有这些工作处于广告解决方案的能力范围之外。

广告只能处理心智中的一个既有认知。广告只能深化那个认知，不是改变它、修改它或扩大它。但是，如果操作巧妙，那个深化战略能获得很大回报。

接受你已经在心智中拥有的定位

一个成功广告策划的根本原则由接受开始，接受你已经在心智中拥有的定位并从那里开始。

此外，通常会发现，一个品牌现在的市场份额仅仅是它的潜在市场份额的一部分。

因为沃尔沃拥有安全定位，这个品牌被人们广泛地认为是"妈妈带孩子的汽车"。在美国有多少驾车带孩子的妈妈？可能有500万。由于沃尔沃现在每年销售10万辆汽车，显然这个品牌远没有统治这个市场。

可是，我们不会因此而建议沃尔沃投放"足球妈妈"的广告，虽然这是一个可能性。沃尔沃应该把广告聚焦它已经拥有的"安全"定位上。这有四个好处：（1）它提醒潜在顾客购买沃尔沃的主要利益。（2）它教育可能刚刚进入市场的新买主。随着时间推进，人们会成长。（3）它通过让安全成为购买汽车的更重要的原因而深化市场。随着时间推进，人们可能更关注在美国高速公路上发生的事故：每天超过100人死亡。（4）它保护品牌，使它不受那些企图通过建立安全定位的竞争对手的攻击。

提醒、教育、深化和保护，是一个能强化心智中既有认知的优秀广告策划所具备的四个因素。特别是当你把它和那些试图通过替代方法来改变一个既有认知的广告策划相比时，你就会发现孰优孰劣。历史表明，后一种方法不会生效，因为广告缺乏可信度。

以 H&R Block 为例，它试图扩张到金融规划、房屋抵押贷款、经纪服务甚至个人理财。美林（Merrill Lynch）、嘉信或花旗的顾客会仅仅因为看到广告而决定到 H&R Block 那里获得金融建议吗？我们认为不会。

另一方面，税务准备还是个未充分开发的市场。H&R Block 只帮助准备了每年提出的1.32亿美元的税务退款的14%（这包括它拥有和有许可权的办公室和它的在线和软件产品）。

H&R Block 可以通过"深化"品牌去从它没有抓住的1.14亿美元的份额中获利更多。

说说喜力，这个品牌曾自称是"美国销量最大的进口啤酒"，如今不再是这样了，现在那个位置被科罗娜特级啤酒（Corona Extra）占领了。当它追寻赶潮流的人群时，喜力失去了它的领导者地位。今天喜力代表了什么？这个品牌处于成为"又一种啤酒"的危险中。

强化领先者地位

当你想强化领先者地位时，广告特别合适。当你拥有领先者地位时，你通常想强化它。

领先者地位本身就是每个营销策划的主要目标之一，这就是你要建立一个新品类的原因（所以从第一天开始，你就可以让品牌以领先者身份起步）；这就是你要成为一个新品类的第一品牌的原因（所以你可以从领先你的竞争对手开始）；这就是你要宣传你的领先者地位的原因（所以预期消费者假设你的品牌必定是最好的，因为人人知道更好的产品会在市场上获胜）。

把领先者地位作为广告主题的优势是它的可信度。让我们说你的品牌有很多可以做广告的特性：性能、寿命、容易使用和领先者地位。性能、寿命和容易使用只是观念的问题，你的竞争对手的广告可能会质疑你的产品的这些特征。领导者地位不容争议。在啤酒、轮胎、互联网服务和番茄酱中只有一个领导者，分别是：百威（Budweiser）、固特异（Goodyear）、美国在线（AOL）和亨氏（Heinz）。在某种程度上，这些品牌中每个品牌都已经投入广告赞颂它的领导者地位。

领先者地位有可信度。领先者地位同时具有隐含的"更好"的好处。美国在线肯定有更好的互联网服务，因为它是领先者。

甚至更好的做法是，把你的领先者地位和已经通过公关在消费者心智中建立起来的一个特定的利益认知联系起来。美国在线以向初学者提供互联网服务而广为人知。"开实习车的互联网"是那些不喜欢电脑的人说美国在线的坏话。

所以美国在线的广告同时利用它的领先地位和它假设的负面认知，"使用如此简单，难怪它是第一。"

可口可乐合理的广告口号（"正宗货"）结合了领先地位的暗示和"原创"的特性，其他所有东西都是抄袭可口可乐。

创意问题

可口可乐为何不再使用"正宗货"这个口号？广告人总是反对这样的策划，因为"它没有创意"。

创意本身是为广告建立一个新角色的巨大障碍。我们为曾经提供服务的客户（有几百个）制定的每个广告战略几乎都受到了一些广告人的反对，因为战略"没有创意"。

几年前，我们为一个名叫"Rally's"的汉堡连锁店提供咨询服务，它有两个免下车购餐专用道，同麦当劳和汉堡王的一个免下车购餐专用道的店竞争。我们的战略是聚焦于"速度"：60秒汉堡，或者类似的东西。

身为客户创意顾问的一个著名广告词撰写人说："不，那没有创意，它太明显了。我们应该聚焦正确处理订单。"

"它的可信度在哪里？"我们问。你可以看到我们客户的店是快捷的，它们小并且完全致力于外带。此外，"Rally's"有两条付账通道，而不是一条。如果速度不是主要的好处，它们为何选用"Rally's"作为品牌名称？

我们在争论中输了，而且在很多其他争论中输了，输给了借用创意这个词来证明另一种观点合理的反对者。

不需要创意

任何考虑广告策划的品牌不需要"创意"广告。如果需要，那么这个品牌应该使用公关来代替。

你用公关"创建"品牌，你用广告维护品牌。

广告没有建立固特异这个品牌，但是它在维护品牌上做得很好。

广告是重复心智中已经存在的词和概念的拉拉队队长。一个广告策划的目标是，把这些词和概念说出来并且让它们在心智中回响。

那个把一个原创的欢呼带入这个比赛的广告公司创意总监，若看到人群的反应将会失望。

人们对大多数电视商业广告的反应是"那鬼东西到底是什么"。创意阻碍了广告的真正职能，它不再是去告知或传播。广告的真正职能是强化心智中一个既有的概念。

"泰诺是医院使用最多的止痛药。"潜在顾客会想，它肯定比爱德维或阿司匹林更好，否则医院这个最了解医药知识的机构不会用这么多泰诺。有创意吗？没有。有效吗？有。今天在药店里，泰诺是销量最大的一个止痛药品牌。

看看电影广告。如果你是广告公司中为一部电影撰写广告词的人，你就没有事情可做。电影广告中的广告词永远是严格地从电影评论上摘录过来的。为什么是这样？电影在公众中没有可信度，他们只相信评论员对电影的评论。

罗斯蒙特（Rosemount）的广告说它是"美国销量最大的希拉兹"。饮酒者如果看过媒体对这种澳大利亚酒的评论，就会做出正面反应。它没有使用袋鼠和考拉，罗斯蒙特投放广告巩固它的地位，而不是去展示它的创意。

把罗斯蒙特和百威做对比。百威啤酒用狗、青蛙、蜥蜴和雪貂时，它的受欢迎程度不断下降。啤酒销量可能下降，但是创意奖在增加，百威的广告继续收集着一座座的奖杯。

当你提到百威时，它在啤酒饮用者的心智中的合理的可信的概念是什么？心智中唯一记住的动物是克莱兹代尔马（Clydesdale）[注]，它曾经被用来拉百威啤酒的马车。和百威相关的唯一激励概念是"啤酒之王"。

（在过去几年里，米勒酿酒公司投放了一个假期的电视商业广告，画面是一对夫妇坐在马拉的雪橇上。直到最后一个画面，当米勒的标识出现前，很多人以为它是百威的广告。）

百威应该投放以"啤酒之王"为主题的广告，并且它应该用啤酒马车和克莱兹代尔马来强化它作为这个国家历史最悠久、最知名、最受喜爱的啤酒之一的传统。安海斯－布希曾经的确播放过一个百威广告，它用了克莱兹代尔马，包括在最近的超级杯上的广告。根据《广告周刊》对 5 260 人的民意调查，克莱兹代尔马的广告是最受欢迎的 2002 年超级杯商业广告，遥遥领先于其他广告。

你可能会想，啤酒饮用者把百威和青蛙、蜥蜴和最近"怎么着"的嬉皮（hip）表达联系起来。但事实上他们不会。他们把"怎么着"、青蛙和蜥蜴和百威广告联系起来，这就是差别。

创意广告的窘境

40 多年前，知名研究员阿尔弗雷德·波利兹（Alfred Politz）指出了当客户要求创意广告时的陷阱。在一篇题为《创意广告的窘境》的文章中，波利兹写道："它是不幸的，但是不奇怪，现在创意人把精力从让产品有趣转移到让广告有趣上。最终他将不再把产品卖给消费者，而是把广告卖给他的客户。"

只要广告公司是为了把广告卖给客户，而不是为了把产品卖给消费者，他们就会注重"创意广告"。它必须是新颖的，也必须是独特的，而且它必须是原创的，就是这些特性让广告脱离了产品本身。

[注] 一种强健的拖车马。——译者注

必须新颖、独特和原创的是产品，不是广告。这些是抓住媒体注意力的特性。

实际上，我们会收回那句话——必须新颖、独特和原创的是对产品的认知，这是公关人的任务。我们如何拿到一个产品或服务并灵巧地定位品牌，从而让它达成新颖、独特和原创的认知？

换句话说，创意属于公关，不属于广告。当使用广告时，它的工作是强化公关在心智中植入的概念。

投资没有回报

如果强调创意是你会犯的最大错误，那么你会犯的第二大错误是寻找一个广告投资回报（return on advertising investment，ROAI）。

你能在广告上投入 100 万美元并在同一年增加 100 万美元利润的日子已经一去不复返了，但是有些广告支持者相信 ROAI 方法，他们把广告看做一个在将来某个时候（而不是在当年）会带来回报的一项投资。如果我们今年在广告上投入 100 万美元，它可能会在五年后带来回报。

有些支持者甚至走得更远，他们建议把广告当做一项资本费用看待，这和有些公司对待调研和研发费用是一样的。他们建议把广告作为资本放在资产负债表上。

无论你把数字转几下，也很难证实 ROAI 理论。广告不会慷慨地带来回报。近来，广告公司更依赖"信仰"方法。如果你相信广告，那么你应该支持庞大的广告预算。今天在美国，如果你是个广告异教徒，愿老天保佑你。

我们认为广告不是一个可能带来回报的投资。广告是保险。就是说，广告保护品牌免受竞争对手的攻击，广告是你为了维护你的品牌在人们心智中的地位而付的钱，是品牌维护而非品牌建设。

在资产负债表上，广告比调研和研发更像维护。没有广告开销，品牌就会贬值。广告不会在将来带来回报，广告在今天保护品牌。

最好的广告策划有"我以前知道那个，但是很高兴你提醒我"的特质。戴比尔斯（Debeers）"钻石恒久远"的长期广告活动就是那种类型。最好的广告策划不是满载信息，而通常是满载情感（就像拉拉队队长）。

如果广告是保险，保险的回报是什么？如果你今年在寿险上花了1 000美元，你的钱会给你带来什么？当然没有任何东西，除非你死了。保险是一个普遍接受的业务花费，虽然它不会带来回报。为什么广告不是呢？

ROAI的拥护者证明广告是一项投资的方法，是指把广告的钱花在品牌延伸上。在某些产品品类中，特别是大多数食品，你很少看到任何推动基础品牌的广告。

你看到的是无穷无尽的品牌延伸。新口味、新尺寸、新成分、新品类；佳洁士牙膏、佳洁士牙刷、佳洁士漱口水、佳洁士斯科普（Scope）漱口水，以及最近的佳洁士深层洁白牙贴。

一旦品牌建立，该在广告上花多少钱是个微妙的决定。你想要花足够的钱保护品牌免受竞争对手攻击，虽然这可能意味着你的市场份额一点也不会增加。

在有些案例中，你可能不花一分钱，就会让品牌自然死亡。这在有些销量下降和没有太好的将来的品类中特别正确。

史密斯–科罗纳公司（Smith-Corona）在个人电脑出现的初期应该在打字机广告上投入多少钱？一分也别投。

没有机会战胜潮流

广告不能战胜潮流。

如果潮流和你背道而驰，最好的战略是让你的品牌死掉并推出一个新品牌以利用下一个浪潮的优势。史密斯－科罗纳公司应该用不同的品牌名称推出个人电脑。

当蓝色牛仔服市场遭受下滑时，李维斯推出了休闲裤的多克斯（Dockers）品牌。今天，多克斯是价值 10 亿美元的全球品牌。为了让这个品牌更知名，并在商务环境中加速朝休闲服饰发展的趋势，李维斯开创了"非正装星期五"（Dress Down Fridays）。公司甚至把"非正装星期五"的宣传资料寄给其他公司的人力资源总监。

当你为你的第二品牌选择新名字时，要小心调研。你不能"在事实的前面"评价你的第二品牌的力量。在雷克萨斯推出之前，如果你问人们愿意购买一辆丰田 Ultra 还是雷克萨斯，猜猜他们会更喜欢哪个牌子？当然是丰田 Ultra。

人们喜欢他们知道的名字胜过他们不知道的名字。公关的力量造就了今天的雷克萨斯品牌。

保持路线

很多品牌依靠大量公关推出，并在潜在顾客的心智中建立了品牌的概念或认知，然后广告部门不慌不忙地出现了，并推出了明显和品牌代表的认知相矛盾的广告活动。

广告部门带来了品牌的迷失，它比你能想象的更普遍。

康胜偏离路线

没有其他啤酒品牌和康胜（Coors）获得一样多的公关。"洛矶山脉那么高"，《纽约时报》杂志 1975 年一篇文章的标题说。

"国内最精致的酿造。亨利·基辛格（Henry Kissinger）喝它，保罗·纽曼（Paul Newman）也喝。"《纽约时报》杂志报道说。这是一个应该把康胜放到啤酒阶梯高处的神奇时刻。但是它没有。

公关给康胜带来了意外收获，康胜受到激励，用广告把品牌铺开到全国市场。不幸的是，康胜的广告把精致割离了品牌。它忘了提到在标签上显赫印刷的东西："美国优质淡啤"。实际上，康胜是美国第一种淡啤（普通的康胜淡啤的热量比米切罗勃（Michelob）淡啤低）。

然后康胜用一个叫康胜淡啤的品牌冲淡了核心产品，从而破坏了它的淡啤传统（杰克丹尼酿酒厂会推出杰克丹尼淡啤了吗？）

然后康胜在弗吉尼亚州开办了第二家酿酒厂，从而破坏了洛矶山泉水的传统。康胜花了100多年时间告诉啤酒饮用者，洛矶山泉水是赋予康胜独特口味的原料。然后，为了节约运输成本，康胜决定用弗吉尼亚州埃尔克顿（Elkton）的泉水酿造康胜啤酒。

如果康胜不用洛矶山泉水为其东海岸的饮用者酿造啤酒，洛矶山泉水还会有多特殊？

可口可乐偏离路线

可口可乐也走了康胜的路。可口可乐公司像康胜那样一直赞同聪明的创意广告而忽略了它的历史、传统和秘诀。以下是可口可乐广告主题的简要历史：

- 1886 年，请喝可口可乐；
- 1893 年，理想的头脑清醒剂；
- 1905 年，可口可乐复活了并将延续下去；
- 1922 年，口渴没有季节；
- 1941 年，清凉一刻；
- 1956 年，口渴时想要的一切；

- 1960 年，可口可乐最让你振奋；

- 1970 年，它是正宗货；

- 1971 年，我想为世界买罐可乐；

- 1979 年，喝可乐，笑一笑；

- 1982 年，可口可乐就是它；

- 1985 年，新可乐；

- 1989 年，挡不住的感觉；

- 1990 年，你无法打败真正的可乐；

- 1993 年，永远；

- 1998 年，享受乐趣；

- 2001 年，生活有滋味；

- 2002 年，全世界都喜爱可口可乐。

有些口号陈腐、微不足道，甚至愚蠢。百事在用"可乐的乐趣"的同时，可口可乐在用"享受乐趣"。两个可乐领导品牌一年共花 3.82 亿美元告诉消费者享受可乐。

可口可乐只有两次，即在 1970 年和 1990 年回到它的根源并推出了它应该推出的广告。这种广告强化了它的传统。

1970 年，可口可乐推出了一个以大峡谷的景象开始的电视广告。"在世界上有超过 3 000 个峡谷，但是只有一个称为大。当你在路上、在博物馆里或者在冰箱里找到正宗货⊖时，你知道它是谁。"

除了以大峡谷开场之外，这个广告画面中还包括了像自由女神像、帝国大厦、尼加拉瓜瀑布、金门大桥那样的标志。同样还有一辆劳斯莱斯、一辆哈雷－戴维森、一幅蒙娜丽莎画像、一个钻石订婚戒指、一片苹果馅饼、一个冰激凌蛋筒，自然还有正宗货——一瓶冰镇可口

⊖ 即真正的可乐。——译者注

可乐。

如果可口可乐是一个足球队，看台上的球迷会大喊："我们是正宗的。"他们不会大喊像"享受乐趣""永远""生活有滋味"或"全世界都喜爱可口可乐"那样的东西。

一个旧概念，特别是如果它富有情感，它就能在心智中引起共鸣；一个新概念，特别是如果它是原创的，它通常会受到怀疑。

可口可乐作为正宗货的认知同样说明了新可乐是灾难的原因。它破坏了品牌的信任度，这和康胜淡啤和它的埃尔克顿酿酒厂犯的确实是同样的错误。

卡拉威偏离路线

让品牌出名的产品是卡拉威（Callaway）大百发球杆。但是卡拉威觉得高尔夫球杆不够好。

卡拉威高尔夫公司花了 1.7 亿美元建了一家工厂和基础设施，生产一种新的高尔夫球，它称该产品为卡拉威 Rule 35 高尔夫球。然后，它们花了另一笔钱聘用阿诺德·帕尔默（Arnold Palmer）推销这种球。

卡拉威 Rule 35 高尔夫球第一年的销售额只有 300 万美元。

用一个品牌延伸名称（卡拉威）对抗高尔夫球市场领导者泰特勒斯（Titleist）已经够糟了，再用一个广告策划来完成这个几乎不可能的任务就更是傻到了极点。

（好的品牌名称，比如圣查尔斯咨询，常常暗含着可以一个正面报道的种子。卡拉威先生，你为何把你新的高尔夫球杆叫做大百发？因为这个球杆让我想起德国人在第一次世界大战中开发的能从 70 英里之外把炮弹发射到巴黎的大炮。）

那么以 Rule 35 命名意味着什么？没有那么多寓意。它这样命名是为了唤起对高尔夫球的大小、规格和性能的 34 个规则的注意。

当公司成长时，它们趋向于遗忘是什么让它们出名。卡拉威大百发获得巨大成功是因为一个新品类、一个新名字和一个有力的公关活动。广告只起次要作用。当公司壮大和成功时（卡拉威至今为止是高尔夫球杆的领导者），它认为可以直接推出大量广告从而缩短过程。

卡拉威今天需要的广告，不是去推出高尔夫球，而是保护它在高尔夫球杆中的领导地位。

在我们的咨询业务中，我们为很多像卡拉威高尔夫公司那样的公司提供过咨询服务。它们知道品牌延伸通常不会生效，但是如果它们能找到一个常规原则的例外，这个例外会成为他们非常好的借口。

- 因为通用电气非常成功地延伸了品牌，所以它们也能那么做。
- 因为耐克能够用一个毫无意义的主题（"Just Do It"）并且让它容易记忆，所以它们也能那么做。
- 因为沃尔玛能卖任何东西，所以它们也能那么做。
- 因为微软能用一个第二位品牌（它的浏览器）并让它成为品类中的领导者，所以它们也能那么做。

这就像说仅仅因为有人买彩票中了1亿美元，所以你也能。对，但是获得成功的可能性对你不利。此外，你公司的位置和这些列出的公司不一样。在大多数情况下，你的公司不是耐克、微软、沃尔玛、通用电气。

相信我们的话，你总能发现任何规则之外，至少有一个例外存在。你有选择，你可以选择遵循规则，并接受你可能因为没有打破规则而失去一个机会的可能性，你也可以选择生活在混乱状态下。

施乐偏离路线

营销中的最大问题之一，是试图用广告做品牌延伸。

- 耐克运动鞋，耐克高尔夫球杆；
- 添加利（Tanqueray）杜松子酒，添加利伏特加；
- 亨氏番茄酱，亨氏沙司。

如果广告是传播品牌延伸出来的产品或服务的主要途径，那么品牌延伸就特别危险。施乐是世界上科技最先进的公司之一，它试图通过广告营销施乐主机电脑，然后又试图营销品牌延伸的产品——施乐个人电脑。两个产品都失败了。

在两个案例中，施乐依靠广告传播它的电脑信息。但是广告对购买者没有可信度，"施乐电脑？那不合理。施乐是一个生产复印机的公司。"

施乐在复印机上有信任度，在电脑上却没有信任度。广告不会为主机或个人电脑提供信任度，这些信任度必须来自公关的努力。就那么简单。

这些产品"我也是"的跟风因素同样损害了施乐扩大品牌的能力，施乐不是电脑中的第一，它们看上去没有竞争优势。结果，制造的公关最多是中性的，成功或失败完全靠广告。

如果你正只靠广告让你的品牌成功，那么，你的品牌已经陷入了大麻烦。

亚马逊网站偏离路线

亚马逊网站是靠公关建立的品牌。有一段时间，亚马逊在媒体文章中的曝光率甚至超过了比尔·克林顿。

今天，亚马逊需要广告去维持和提升它的品牌——一个出售图书的网站品牌，而非一个什么都卖的网站品牌。这特别正确，因为最近亚马逊网站的图书销售相对平淡。

亚马逊应该全力以赴用图书展览会、图书售卖车、亚马逊赞助的知名作家参加的论坛、在图书馆的亚马逊终端，当然还有亚马逊广告去推动它的图书业务。亚马逊的目标应该是让它图书市场的份额从7%达到25%。

亚马逊不是用广告推进它的图书业务，而是试图用广告扩张到其他品类中去。

结果是糟糕的。如果亚马逊是一个药店或一个百货店或任何种类的实体零售商，投资者就会叫嚷着要杰夫·贝索斯（Jeff Bezos）⊖的人头。（当然，依靠超乎寻常的努力，亚马逊在2001年的第四季度有了丁点的盈利。但是亚马逊会继续它的获胜道路吗？我们怀疑。一个季度的盈利不能说明它就能长期赚钱。）

但是在亚马逊，这个新经济的模范可不这么认为。不要担心，这看上去是杰夫·贝索斯的态度，我们有足够的钱撑下去，直到我们收支平衡并开始盈利。

你有多少钱没有关系，如果亏钱时间足够长，你就会破产。不要犯这样的错误，亚马逊正走向衰落，除非公司改变战略。亚马逊在这个问题上不断扔钱，却没有退回去重新评估它的战略。

广告不能建立品牌，广告也不能在品牌建立后改变品牌。

"这不是你父亲的老爷车。"没有降低老爷车购车者的平均年龄。

"这不仅仅是购书人的网站。"是一个有着和老爷车项目一样成功机会的广告概念。

亚马逊的唯一希望是一个公关策划，虽然这可能是困难的。亚马

⊖ 亚马逊公司创始人。——译者注

逊为何不放弃广告并用公关建立一个更宽的定位？

答案总是一样："我们不能等待公关活动发挥作用。我们必须在别人先声夺人之前迅速行动。"

这真是一个窘境。一方面，长期的赢家通常是第一个进入心智的品牌；另一方面，公关策划要经过一段时间才能生效。所以公司试图用广告强行进入心智从而缩短这一过程。人们能理解他们的推论，但是不能理解它们愿意追寻一个无效的战略的行为。你不能让广告做公关的工作。

据分析师说，亚马逊在核心业务——书籍、音乐和影碟上盈利。它亏损的地方是它设法销售的其他产品和服务。都是些什么？拍卖、婴儿用品、照相机和相片耗材、汽车、手机和手机服务、电脑软件、电器、健康和美容服务、厨房和家用器皿、杂志订阅、户外生活设备和供给、工具和五金、玩具、游戏和旅行。

亚马逊的核心业务占到了销售额的58%。如果亚马逊把业务聚焦到图书、音乐和影碟上会如何？如果你是会计，你会很快做出那种决定。如果你是《时代》杂志1999年的年度人物，就像杰夫·贝索斯那样，你可能发现这是一片难以下咽的药。

缩小聚焦和回到根本的好处是你不必放弃你的其他产品，你要做的就是推出你需要的足够多的品牌，让每个品牌在心智中都能代表某件东西。

记住，品牌是由公关建立的。一个新品牌比一个旧品牌的品牌延伸有更多的公关潜力。像雷克萨斯、多克斯、得伟（DeWalt）、Palm和黑莓那样的新品牌，都制造了大量的公关。

宝丽来、施乐和柯达

亚马逊总可以撤退到它的核心业务上，但是其他公司不具备由一个盈利的核心业务提供的安全感。举三个例子：宝丽来、施乐和柯达。

这三个品牌都和已经过了鼎盛时期的产品品类相关联。宝丽来和即时成像，施乐和普通纸复印，柯达和胶卷照相。这三个公司都试图做和亚马逊同样的事情：扩大品牌去涵盖其他产品线。

历史证明这个解决方案不会奏效。品牌名称越是容易记忆，改变那个品牌名称在心智中代表的东西就越困难。

西联（Western Union）代表电报，但是市场枯竭了，所以西部联盟设法进入长途电话业务。虽然西联是一个比斯普伦特（Sprint）或MCI更知名的名字，但是公司从来没有在电话业务中做到同样成功。在亏损了6亿美元后，西联关闭了它的电话业务，回到了它的汇款业务上。

借用弗·斯科特·菲茨杰拉德的话，在打造品牌中没有第二幕。一旦一个品牌牢固地建立在心智中，就很难改变这个品牌的认知。一个拥有这些的品牌的公司该如何做？推出一个第二品牌。

对宝丽来、施乐和柯达来说，可能太晚了，它们在单一品牌的高速公路上开得太久了，以至于看不到一个第二品牌所具有的优势，但是亚马逊还有机会。亚马逊是一个年轻公司，不像宝丽来、施乐和柯达那些老品牌那样已经定型。我们将拭目以待。

斯米诺 vs. 绝对伏特加

很多大公司的管理层坐在靠大笔广告预算支撑的屏障后，觉得很安全，以为没有后起之秀能威胁他们的王国。遗憾的是，他们忘了公关。在推出新品类中的新品牌时，广告的力量无法与公关抗衡。

美国销量第二大的酒品牌斯米诺伏特加的拥有者休伯莱恩（Heublein），在五个不同的场合拒绝了代销绝对伏特加的机会。

休伯莱恩公司的一个执行官解释道："如果那些瑞典人来这里试图推出超高档的伏特加并威胁我们的斯米诺，那么我将推出世界上最贵的伏特加——皇帝（Smirnoff de Czar），把他们踢出去。"

绝对伏特加的销量暴增，休伯莱恩公司的确推出了一个超高档的伏特加，叫做黑牌斯米诺（Smirnoff Black）。但是黑牌没有把绝对伏特加踢出去，后者继续上升 [斯米诺现在属于世界上最大的酒公司——迪阿吉奥公司（Diageo）]。

带着品牌延伸偏离路线

品牌延伸几乎无法替代一个已经取得一些公关势头的新品牌。

- 惠普 Jornada 代替了 Palm 掌上电脑吗？没有。
- 亨氏沙司代替了佩斯沙司吗？没有。
- 拜尔（Bayer）的解热镇痛药退热净代替了泰诺吗？没有。
- IBM 个人电脑代替了戴尔吗？没有。
- 摩托罗拉手机代替了诺基亚吗？没有。

公司为何推出品牌延伸而不是推出新品牌？这通常归结为钱的关系。我们不能承受推出一个新品牌的开支。

当你更深入研究这个问题时，你会发现广告是这个问题的核心。是新品牌的广告成本让公司吊在品牌延伸这棵树上。

新品牌 vs. 旧品牌

这说起来有些讽刺。新品牌应该用公关推出，不是广告。旧品牌需要广告，广告是它们维持生命系统的氧气。新品牌需要可信度，而可信度只有公关才能提供。

新品牌需要公关，旧品牌需要广告。但是让品牌变老的不是年龄，如果品牌在心智中没有位置，那么对潜在顾客来说它是个"新"品牌，即使它在市场上已经存在几十年了。

如果你正设法改变一个旧品牌的定位，那么就市场来说它最好成为一个"新"品牌。改变需要公关途径，而不是广告途径。

广告和公关从此以后就能够愉快共存了，但前提是它们都能明确各自在营销家庭中的正确作用。

全力以赴

打造品牌是缓慢又需要耐心和条理的工作。用老话说，罗马不是一年建成的。

当然也有例外，我们称之为窜起的新星（微软是一个）。但是这些例外通常发生在迅猛增长的行业内，领导品牌也随之快速增长。在大多数情况下，一个品牌需要花很多年时间（或好几十年）才能成功建立。

比如能量饮料红牛，这个品牌在奥地利主要用公关和销售技巧推出，并且只在获得相当大的动力后才转移到广告上。

红牛花了四年时间，销售额才达到 1 000 万美元。今天，红牛的年销售额几乎有 8.95 亿美元，而且成了一个大广告主。当你设法用广告跳跃式地开始品牌打造的过程时，你就陷入了麻烦。

打造一个零售品牌

以沃尔玛为例，它是一个在 1945 年开始零售业务的公司。（直到 1962 年，它才采用沃尔玛这个名字）。在成立 15 年后，沃尔玛有了 9 家店，销售额达到 140 万美元；10 年后，沃尔玛销售额达到 3 100 万美元；第二个 10 年后，达到 12 亿美元；第三个 10 年后，是 260 亿美元；第四个 10 年后，是 1 930 亿美元。

到明年，从销售额角度看，沃尔玛可能成为世界上最大的公司。

你可能认为建立一个组织需要时间，雇用合适的员工需要时间，并且获得必需的资金需要时间。在某种程度上，所有这些都是对的，但是它们不是打造品牌真正的阻碍。

真正的阻碍是人们的心智。通常打造品牌需要几十年时间，因为要穿越你双耳之间的"灰色"物质，需要花几十年时间。

那就是现在大多数强大的品牌已经存在很长时间的原因。世界上第一个电子品牌通用电气诞生于 1892 年；世界上第一个汽车品牌梅赛德斯－奔驰诞生于 1885 年；韦奇伍德（Wedgewood）瓷器诞生于 1759 年；酩悦（Moet&Chandon）香槟诞生于 1743 年；人头马（Remy Martin）白兰地诞生于 1724 年。

沃尔玛品牌用传统的小范围公关技术缓慢起步：拉着横幅的游行乐队、拉拉队、步行表演队、充气飞行物。沃尔玛对竞赛的推广也很积极，从诗歌到摇篮曲。在主题节日里，每个人在店里都穿上戏服。

当然，今天沃尔玛每年在广告上花 5 000 万美元，但不是打造品牌（品牌已经由公关建立起来了），钱用来保护品牌不受凯马特和塔吉特之类的攻击。

一个品牌是通过人与人的接触传播开来的，很像流感。用公关活动让程序开始运转（并让它保持运转），但是一旦程序开始，你必须允许给"口碑"充分时间让它完成自身的工作。

改变心智

有另外一个说明打造品牌是个长期过程的原因。为了建立一个品牌，你常常必须改变潜在顾客心智中对旧品牌的认知。

你上次改变心智是什么时候？上周？去年？你能记得吗？大多数人不记得他们曾经改变过心智，因为他们相信自己的心智中只有"真理"。改变你的心智意味着向自己承认你的"真理"之一原来是错误的，这对大多数人来说很难做到。

当相反的事实堆积了几个月后，甚至几年后，一个人可以慢慢接受一个新的事实并忘记他曾经持有一个相反的观点。

这是最重要的一点，"忘记"过去的事实让一个人接受新的事实。你必须给这个忘记的过程足够的时间。

编辑也是人，他们同你的潜在顾客一样看待革命性的公关理念。它是新颖的、独特的，并且它很快受到怀疑。你必须给以充足的时间让这些反对意见淡化。

你必须给编辑充足的时间，让他们接受在其他媒体上看到、读到或听到的东西带给他们的影响。

打造运动饮料品牌

佳得乐（Gatorade）是一个价值 20 亿美元的品牌，占到了运动饮料 79％的市场份额。当桂格燕麦公司（Quaker Oats）被百事可乐以 140 亿美元收购时，佳得乐当时是桂格燕麦公司的主要品牌。

如果你没有研究过软饮料市场，你就可能以为桂格投入了几百万美元的广告推出了佳得乐品牌，但是事实并非如此。

20 世纪 60 年代，佛罗里达一所大学中一个由罗伯特·凯德（Robert Cade）领导的研究团队开发了一种用于补充身体水分和盐分的饮料，他们在佛罗里达盖特斯（Gators）校橄榄球队里测试了这种饮料。在 1965 年赛季获胜后，盖特斯队以下半场耐力好而闻名。当他们在"橘子杯"（Orange Bowl）竞赛中打败了他们的对手后，输了球的球队教练说："我们没有佳得乐，那就是区别。"这句话被登在《体育画报》（*Sports Illustrated*）上。

那是个转折点，那个公关事件发动了佳得乐运动。最后，佳得乐成了 NFL、NBA、美国职业高尔夫球协会（PGA）、全国运动汽车竞赛协会（NASCAR）和很多其他运动协会和赛事的正式饮料。

多年来，佳得乐保持了公关和广告之间的这种延续，包括在获胜球队教练头上倾倒一桶佳得乐的传统仪式。

今天，佳得乐像它的姐妹品牌——百事可乐和激浪那样，是一个投入大量以电视广告为主导的软饮料品牌。多年来，迈克尔·乔丹是佳得乐的代言人，主题是"像乔丹那样"。

什么是因，什么是果？是迈克尔·乔丹让佳得乐成为一个成功品牌吗？或者是佳得乐的成功让公司有足够的钱聘请乔丹先生作为品牌代言人？

广告，特别是电视广告，是公司成功的标志。广告就像是一个公司的喷气式飞机，是公司的成功让其有能力购买一架湾流飞机，而非相反。广告也是一样。

那会使广告成为一项糟糕的投资吗？完全不会。广告对一个刚起步的公司来说是一项糟糕的投资，对一个"山林之王"或领导品牌来说是一个很好的投资。

你知道佳得乐花了多少钱维持它和 NFL 的这种联系后可能会震惊，但是确实是这样的营销投资让动乐（Powerade）或全运动（All-Sport）饮料几乎不可能替代 NFL 运动饮料之王——佳得乐的地位。

广告不是改变心智的工具

广告的另外一个特性让它不适合作为改变心智的工具，而你在推出一个新品牌时必须做的就是改变心智。从每一美元的影响力看，小剂量的广告没有大剂量的广告那么有效。

今天在美国最不惹人注意的开销是一笔 100 万美元的电视广告费用，没人会注意那么小投入的广告。如果你不花足够的钱到达噪音信息级别之上，你的整个广告投入就会被浪费。

那就是广告公司主张"爆炸式"投放的原因，它们制造影响的唯一希望是花足够钱打破消费者对广告的冷漠（凭经验，一个观众必须接触电视广告至少三次才能理解和记住这个信息）。

"爆炸式"投放方法对一个广告活动来说是一个好概念，但是对进入心智来说它是一个糟糕的战略。你不能把一个概念敲入心智，而应该让它渗入心智。

成功的品牌缓慢进入心智。一个杂志的广告、一份报纸的提及、一位朋友的评论、在零售店的展示，在缓慢的公关积累之后，人们信服他们永远了解了这个品牌。（你第一次知道佳得乐是什么时候？谁能记得？）

打造威士忌品牌

美国第一个注册的蒸馏酒厂是杰克丹尼蒸馏酒厂。该公司位于田纳西州的林奇堡，自 1868 年建立以来，它得到了大量的公关。每年大约有 25 万人参观酿酒厂，观看用炭让酒变醇的大缸和从一个华氏 56 度的恒温地下泉水中流出的不含铁的水。

杰克丹尼的公关聪明地反映并强化了由杰克丹尼的公关创建的认知，一个典型的广告牌说："134 年，7 代人，一个配方。"

当你参观林奇堡蒸馏酒厂时，你会为"看上去和广告一样"的想法感到震惊。那有多少创意？尽管长期的趋势是伏特加、杜松子酒和龙舌兰酒，杰克丹尼还是成了世界上销量第七大的酒品牌。

杰克丹尼是一个从公关向广告平滑过渡的好例子，特别是广告反映并强化了最初由公关活动推出的概念。广告可能没有创意，但是它既有效果又有效率。

美国第一个注册的啤酒厂是云岭（Yuengling）。云岭？有那样的名字，也难怪杰克先生在威士忌领域一领风骚，而云岭先生却被遗忘在啤酒历史的长河中。

打造一个小型车品牌

1999 年，《广告时代》评选了有史以来的前 100 位最佳广告，名单上的第一是大众汽车 1960 年的广告。DDB 广告公司把一个不知名的汽车品牌变成了巨大成功的、你不得不相信的传奇。但是大众在 DDB 广告公司为甲壳虫做广告之前已经是一个有名气的品牌了。

大众在 1949 年进入美国，同年 DDB 广告公司成立。在接下来的 10 年里，大众在媒体上制造了很多有利的报道，包括在《消费者报告》（Consumer Report）上的一个热情的评论。到 1959 年，大众成了美国销量最大的进口汽车。去年大众在美国卖出了 120 442 辆汽车，占到了进口车市场 20% 的份额。

第二年，DDB 广告公司为大众制作的第一个广告"想想还是小的好"推出了，接下来的事成了营销历史。

广告如此有力，DDB 广告公司不是从头开始的，它们也不应该。广告需要由公关创造的可信度。大众广告做了广告能做得最好的事：让一个成功品牌更成功。

如果"想想还是小的好"和"柠檬"（Lemon）⊖的广告在 1949 年推出，而不是在 1959 年，会怎么样？可能什么都不会发生。"小，难看，可靠"主题最初由公关创建，然后被运用在广告上去"煽火"。

广告就像是一个利用心智中的已有认知的玩笑。如果你开德鲁·凯里（Drew Carey）体重的玩笑（"凯里带了一个大包袱"），可是观众在

⊖ 英语中有破车的意思。——译者注

想"德鲁·凯里是谁",那么这个玩笑就不好笑。

大众的"柠檬"广告抓住了读者的注意力,因为他们相信与之相反的东西。他们为什么把这种最可靠的汽车叫做"柠檬"?广告文案写道,"这辆大众不合格,汽车仪表盘小柜上的铬镀层有瑕疵,必须被替换。你可能不会发现,检验员科特·科隆纳(Kurt Kroner)会发现"。

"哦,我明白了,"读者想,"大众车可靠的一个原因是每辆车都得到彻底检验。"

此外,人们通常的认知是你必须排队等候订购甲壳虫,你必须付全价,而且你必须自己卖掉你的旧车,因为大众的经销商不接受低价购买,这些都强化了广告的可信度。

是心智中的那些认知(可靠、等候订购、全价、不能低价购买)让大众的广告如此有力。

但是,假设这是尤格(Yugo)⊖的广告。同样的版面、同样的图片、同样的标题、同样的广告文案、同样的创意,读者会想"哇!我不知道尤格是如此可靠"吗?

当然不会。读者可能最会想到的是:"他们在骗谁?尤格是一个灾难。"

广告不能建立品牌,它甚至不能把新概念放到人们的心智中。广告利用已经在心智中存在的概念,并强化它们或者把它们捆绑在一起或把玩它们。带领拉拉队和传播没有任何共同点。

大众的广告有创意吗?用现在的标准衡量,可能没有。大众在20年的广告中没有用过一个动物,而是否用动物是如今检验广告是否有创意的标准。

特别来看看获奖广告,这些广告是被认为行业内能拿得出手的最

⊖ 南斯拉夫生产的车品牌。——译者注

好的广告。如果广告中的基本概念并未已经存在于读者或观众的心智中，这些广告会有效吗？

打造一个安全车品牌

1996 年，沃尔沃的一个广告获得了戛纳国际广告节的大奖，这是全世界最有声望的广告评奖。它是一个没有文字的印刷广告，就是一个弯成一辆安全车形状的安全别针。

如果你把一个安全别针弯成雪佛兰形状（假设你能想出雪佛兰的形状），那会成为雪佛兰广告的一个有效图示吗？

沃尔沃在 1959 年推出了第一个车用安全带，50 年后沃尔沃的广告还是在利用品牌的公关成果。

大众品牌的缓慢积累

所有的品牌，甚至是巨人品牌也是从小品牌开始的，大众也不例外。推出 6 年后，大众在美国销售的汽车不超过 3 万辆。

直到 13 年后，在 1968 年，大众才成长为一个大品牌。那年，大众在美国卖了 564 000 辆汽车，占到了进口车市场 56% 的份额。

换句话说，大众用了 19 年时间来树立品牌。最初的 10 年主要是公关年，接着的 9 年主要是广告年。公关第一，广告第二，几乎总是打造品牌的最好战略。

缓慢积累和最初需要的是公关而不是广告，这一组合让有些大的广告公司不愿意接手新品牌。广告可能是大品牌成为大品牌的途径，但是试着带着一个新产品和小预算去一个 4A 广告公司，然后对新业务主管说："帮我打造一个大品牌。"

我们曾经服务过的大广告公司积极阻止它们的客户部员工招揽新品牌业务，它们想要的是既有品牌，最好已经有大额广告预算。有一个事实是，大多数巨人品牌开始用小广告公司，当品牌足够成功后转用大广告公司。

绝对伏特加的缓慢积累

绝对伏特加是另一个巨人品牌，它是世界上最有价值的 100 个品牌之一，但是它第一个广告公司是在纽约的一个叫马丁·兰迪 – 阿洛（Martin Landey，Arlow）的小公司。在两年的艰苦工作后，这种瑞典伏特加每年的销量还不到 25 000 箱。

然后马丁·兰迪 – 阿洛被一个叫吉尔 – 罗斯（Geer，Gross）的公司收购，这个公司取消了绝对伏特加的业务，因为它已经有一个酒的客户：布朗 – 福曼（Brown-Forman）。（这真是一个大错误。）

在合伙人阿尼·阿洛（Arnie Arlow）离开公司并成为另外一个叫 TBWA 的小公司的创意总监后，他帮助 TBWA 获得了绝对伏特加的业务并把它推向了高处。最后 TBWA 卖给了全球第三大的广告集团宏盟（Omnicom），每年收入超过 60 亿美元。

宏盟打造了绝对伏特加的品牌吗？还是奥姆尼康购买了向绝对伏特加这个品牌吹嘘的权力？

大公司通常也不会创建品牌，因为它们没有耐心等待品牌建立通常需要的长时间的酝酿期。我们的经验是，大多数大品牌由小公司起步并最终出售给了更大的公司。大多数大品牌最初由小广告公司操作，这些小公司或者把这些客户输给了更大的公司或者最终被另一个公司收购。

我们不是贬低广告。它有一个强大的角色，我们把它定义为拉拉队队长，或者说强化品牌在潜在顾客心智中的认知。

耐心和恒心

实质上，打造一个能统治一个大品类的强大的全球品牌只需要两样东西：耐心和恒心。

你需要耐心让公关人用公关或者第三方认证的力量去打造品牌。有时你会幸运，因为你的品牌处于一个火热的新品类。个人电脑行业的爆炸性成功造就了微软品牌，而不是反过来。

在更多情况下，事情的发展却更为缓慢。看看酒：杜松子酒用几十年时间替代威士忌；伏特加用几十年时间替代杜松子酒；龙舌兰酒也将用几十年时间替代伏特加。

你需要耐心，避免试图用广告强推。比如说，TiVo 和 Replay 曾试图靠花钱进入集成电视俱乐部，结果浪费了几百万，这些钱原本可以更好地用在公关和产品开发上。XM 和天狼星（Sirius）卫星电台也犯了同样的错误。

你需要恒心，让你的品牌瞄准聚焦。公司会犯的最大错误是当它们应该设法"深化"品牌时，却试图扩大品牌的吸引力。你必须在某处强大而不是每个地方都弱。

灵活和勇气

没人能预测公关活动的进程。你的新品牌的目标市场可能会改变，主要特征可能也会改变，分销可能还会改变，你需要灵活处理这些和其他很多问题。

沃尔沃认为耐用是其品牌的主要利益，但是公关把沃尔沃建成了"安全车"品牌。沃尔沃聪明地把营销规划转向强调安全而不强调耐用。

当你确实获得好运时〔每个人都有一次让自己出名的 15 分钟好

运），你就要做好准备。

做好准备抓住时机。把你的品牌旗帜插在你已经在顾客心智中建立的概念上，然后大胆地推出一个广告策划，以便在可预测的将来维护那个位置。

安妮塔·罗迪克是一个个人公关机构，她把美体小铺建成了一个全球品牌。但是她并不想在广告上花几百万来保护她已经在心智中建立的"天然"化妆品的定位。

所以今天美体小铺正在困难中挣扎，它受到了像悦木之源（Origins）、沐浴工坊（Bath & Body Works）和艾凡达（Aveda）那样的竞争对手的攻击，处于被收购的边缘。最近，阿妮塔和她丈夫戈登·罗迪克（Gordon Roddick）辞掉了总裁职位，公司因为潜在的买家因此缺乏兴趣也取消了出售谈判。

真困难，昨天的广告对品牌有坏处，今天的广告对品牌有好处。谁能处理这样的情况？

振作。如果你是营销经理，那就是你接受薪水的原因。

THE FALL OF
ADVERTISING
& THE RISE OF PR

第 4 章

公关和广告的区别

The Different Between Advertising and PR

广告是风，公关是太阳

《伊索寓言》中，有一个风和太阳争论谁更强大的寓言。

它们看到一个旅行者在路上走，于是决定设法让旅行者脱下外套来解决这个问题。风先行动，但是风刮得越厉害，旅行者把身上的外套裹得越紧。然后，太阳出现，并开始照耀。很快旅行者感到了太阳的温暖并脱下了外套。太阳获胜了。

你不能强行进入潜在顾客的心智。广告被认为是一个强加的力量，一个不受欢迎的闯入者，人们应该抵制它。销售力量越强，风刮得越大，潜在顾客就越努力地抵制销售信息。

广告人谈论广告的影响力。报刊、插页、折页和彩色印刷广告，电视商业广告中的疯狂行为、疯狂角度和跳跃剪辑，在电台广告中调大音量，但是实际上是这些特性对潜在顾客说："别关注我，我是广告。"

一个广告越是努力强行进入心智，它就越不可能达成目标。潜在顾客偶尔会放松防守，风会获胜，但是这种情况不会经常发生。

公关是太阳。你不能强迫媒体播出你的信息，它完全受媒体控制。你能做的只有微笑并确保你的公关资料尽可能有帮助。

潜在顾客也不会觉察到编辑信息中的强制因素。恰恰相反，潜在顾客认为媒体正设法帮助他们将注意力转移到一个更好的新产品或服务上。

广告是空间的，公关是线性的

广告活动常常以一个发动日期开始，从这一点来看，它像军事行动日期（D日，1944年6月6日，这是第二次世界大战中盟军登陆法国的日子）。

广告和军事行动常常在一个给定的发动日期开始，但是"空间"不同。在军事行动中，可能是空中、水上、海滩或战壕等；在广告活动中，可能是广播、印刷、直邮、广告牌或让利销售项目等。

这就是我们通过一个"空间"的策划想表达的东西，它是现代广告思维的主要元素。

但是当硝烟退去，当首次攻势的兴奋结束后，常常没有什么改变。潜在顾客的心智还是和发动攻势之前一样，很难强行进入一个守卫力量强大的海滩，强行进入心智几乎是不可能的。

公关必然是线性的，一个事件导致另一个事件。在一个线性策划中，元素随着事件展开，当然优势是它们可以被设计成一起生效以互相强化。

大多数广告策划的麻烦是它们起不了什么作用。没有元素的展开，没有积累，没有高潮，没有戏剧性，没有"接着会发生什么"的兴奋。

这就是为什么新年的开始通常标志着一个新的空间的广告策划的开始。有新的目标，新的战略，新的广告主题。

这种按年度的广告推广恰好和建立品牌的优秀战略相反。

广告用大爆炸，公关用缓慢积累

广告人认为一个广告策划必须"大爆炸"式地推出，特别是对一个新品牌而言，这成了它们的教义。

当你设法建立一个新品牌时，你必须马上完成很多事情：抓住注意力，在心智中注册新品牌的名称，并赋予新品牌一个或多个正面的特性。

广告不适合这个工作，公关是更好的选择。

实际上，如果你正在用公关策划推出一个新品牌，你就没有选择，你必须使用缓慢积累，因为你没有办法协调媒体的报道。一开始，常常是在一些微不足道的媒体上提到品牌名字，然后你把它推进到更重要的媒体。如果你幸运，你会被《今日秀》（*Today*）、《钱线》（*Moneyline*）或甚至可能《今夜世界新闻》（*World News Tonight*）等节目报道。

当你研究世界上最成功的品牌的历史时，你会为它们是多么缓慢地起步而感到震惊。可口可乐在第一年卖了50美元价值的糖浆，在以后几十年里一直是一个主要在药店出售的"灌装"品牌。

今天我们认为可口可乐瓶子是品牌的核心，但是可口可乐瓶装可乐花了42年时间才超过"灌装"的销量。

最成功的个人电脑型号（从销量的角度看）是苹果Ⅱ，它最终卖出了百万台。但是它上市的最初两年，只卖出了43 000台。

广告是视觉的，公关是口头的

广告界最大的广告权威已经去世2 500年了，但是他的真言已经印刻在每一个创意人的头脑中。

广告人在中国古人的圣地顶礼膜拜并重复他们的真言："一图抵千言。"

结果，今天的广告几乎全是视觉的，文字仅仅是为了强化视觉，如青蛙叫着"百威"。

文字在广告中没有可信度，叫嚷着"我们最好"的公司不能让人信服，消费者的典型反应是"那是大家都在说的话"。

广告退回到了视觉的角上。你可以和文字争论，但是你不能和图片争论，没人会想："那不是青蛙。"

激励是另一回事。心智用字思考，而不是图片。潜在顾客根据言语上的比较决定买哪个品牌。它是最好的，它是最便宜的，它是最大的，它是最轻的，它是最安全的，它是最流行的等。

会有人向酒吧招待要"广告里的蜥蜴喝的啤酒"吗？不会的，人们会说百威，并想："啤酒之王，美国销量最大的啤酒，我的伙伴都在喝的啤酒。"

公关的实质是以鼓励媒体报道关于产品或服务的故事的方式描述品牌。如果用了图片，它们是文字的支持点，它们给信息以信任度。

在沃尔沃耗资 8 500 万美元建成的瑞典哥德堡新安全中心的新闻发布会上，展示了一张撞车测试的照片，这张图片支持了品牌的安全定位。

广告如何以更口头化的形式变得更有效？只能通过聚焦于已经由公关在心智中建立的文字和概念认知来实现。

广告到达每个人，公关到达某些人

广告界的公理是你必须到达每个人，到达和频度是衡量广告成功的两个标准。（我们到达了多少潜在顾客，我们到达他们的频度是多少？）

很多广告项目是数学上的成功，却是营销上的失败。客户可能用足以导致厌烦的频度到达他想要到达的每个人，但是仍然不能推动购买。如果信息缺乏可信度，你就无法推动购买。

有了公关，你放弃到达每个人的奢望，而是到达你在意的某些人。他们会把你的信息带给朋友、亲戚和邻居（大多数品牌由于个人推荐才被首次购买，不是因为广告或甚至是公关的提及）。

公关的重点不是在到达也肯定不是在频度上，公关的重点在媒体的可信度和推荐的质量上。这两样你都需要（《华尔街日报》上的一个正面报道比一个在有些小出版物上的大方的推荐价值高很多）。

最近当第 5 387 862 辆汽车驶下生产线后，宝马 Mini Cooper 结束了 41 年的运转，这个数字对单个汽车型号来说是个非凡的记录。

但是 Mini Cooper 卖得不好，直到彼得·塞勒斯（Peter Sellers）买了一辆并用柳条来装饰之后，Mini Cooper 成了"流行"的汽车。史蒂夫·麦奎因（Steve McQueen）、崔姬（Twiggy）、格蕾丝公主（Princess Grace）、戴安娜王妃（Princess Diana）和很多名人驾驶 Mini Cooper 汽车。

你不必卖给所有人，你只要卖给塞勒斯（会自愿推广你的品牌的人）。这是成功的公关活动运用的战略。

广告是自导的，公关是他人导的

一个推出广告活动的公司已经决定它想成为什么，它想卖什么，它想卖给谁。

一个推出公关活动的公司其实把它的将来托付给他人。媒体会告诉你你是谁，你该卖什么，你应该用什么销售途径。你忽略这些就会有危险。

是媒体把沃尔沃放在"安全"位置上，沃尔沃有很多年聚焦于"耐用性"，典型的广告标题是"像你恨它那样驾驶它"，广告文案宣称沃尔沃在瑞典崎岖的路上的平均寿命是 13 年。据说支持这个耐用宣传的事实是，在美国销售的每 10 辆汽车中有 9 辆还在开。

但是沃尔沃发明的三角式安全带制造了很多的公关，以至于沃尔沃慢慢回到"安全"作为它的主题。这是一个好的改变。由于安全，沃尔沃仅在美国市场每年就卖出超过 10 万辆的汽车。

让媒体指示你的营销战略可能看上去傻到了极点，但是公司有选择吗？你不能对抗媒体，它们无论何时总会获胜。

和媒体打交道时，你必须灵活。"如果你第一次不成功，就再试试"对公关项目来说不是好的箴言，媒体的反馈只会是持续的敌对评论。

对公关策划来说，一句更好的箴言是"如果你第一次不能成功，就试试别的。"

广告消亡，公关永存

没有任何东西和用过的广告一样没有价值，它的最终结果可能是出现在一个广告公司的墙上或一本获奖广告的书中。但是对普通消费者来说，广告是蝴蝶，它存活的时间很短暂，然后就死去。

公关不是如此，一个好的故事会永存。基本的公关战略是在一个出版物上出一个报道，然后让它在阶梯上上升到另一个出版物上，或者从一个媒体（印刷）到另一个媒体（电台或电视台）。

你也可以在阶梯由上而下地操作一个故事，《华尔街日报》是一个好例子。《华尔街日报》上的一个报道常常会以这种或那种形式被很多较小的出版物报道。

电脑和互联网加速了这个过程。记者在编写一个有关新产品或公司的报道之前，他通常会察看别的媒体对这个主题报道了什么。某出版物中的一个认证可能在今后几年里会反映在很多出版物上（没人会查看旧广告）。

在今天的公关中，很重要的一点是保证第一个报道是正面的。根据人类的性情，接着的报道可能很大程度上受第一个报道的影响。

媒体就像人的心智一样运作。一旦一组词在媒体中确立，就很难改变它们。媒体把控制露华浓（Revlon）的企业家称为"亿万富翁罗恩·珀尔曼（Ron Perlman）"。随着露华浓的不景气和他的其他投资的失败，珀尔曼先生已经好多年不是亿万富翁了。

但是就媒体来说，还是"亿万富翁罗恩"。

广告昂贵，公关便宜

大多数公司在广告上投入的钱比在公关上投入的钱明显要多很多，有时要差好几个数量级。

这并没有让人觉得公关看上去像一个好投资。有些人不会花 100 美元买一块天美时手表，但愿意花 5 000 美元买一块劳力士。价值和价格在心智中常常是紧密联系的，价格越高，价值越大。

最近我们和一家热门公司的品牌经理共进午餐，他非常渴望聘用我们，但他承受不了我们的价格。他恳请我们降低价格，我们自然说不。

一周后，我们在《亚特兰大宪法报》(*Atlanta Journal-Constitution*) 上看到这个公司聘用了一个广告公司推出一个 5 000 万美元的广告活动。显然广告对客户值 5 000 万美元，但是咨询服务却不值我们要收它的 5 万美元。

凑巧的是，我们的咨询建议是取消这个广告项目，先建立一个公关定位。

通常来说，客户在广告上投入过多而在公关上投入过少。特别是，客户必须在公关上花更多的时间，在战略开发和表达上花更多钱。

一个公关策划也应该长期运作。你不是发起一个公关策划，你应该让它在一个长期的过程中展开一系列的步骤。

广告偏爱品牌延伸，公关偏爱新品牌

今天营销中的最大问题既不是广告也不是公关，而是"品牌延伸"。把公司或品牌名称放在一个不同品类的新产品上。

亚马逊图书，亚马逊电器。

柯达胶卷相机，柯达数码相机。

AT&T长途电话服务，AT&T宽带服务。

从公司的角度看待新产品，柯达看到胶片照相最终会减少，并决定进入数码领域。问题是，我们用什么品牌名称？

广告人很快回答："去年我们花了1.16亿美元为柯达品牌做广告。推出一个新品牌至少每年要多花1亿美元，让我们省下那笔钱保留柯达品牌。"

我们在咨询工作中和几十个"柯达"打过交道。想法总是一样，推出新品牌的成本太高（当然，意思是推出新品牌的广告费用太高了）。

广告公司通常赞成品牌延伸的想法，因为这意味着它们能保留这个业务。一个新品牌常常意味着新的广告公司。本田雇用新的广告公司推出讴歌品牌，丰田和雷克萨斯也一样，日产和英菲尼迪同样如此。

新品牌还是品牌延伸？广告的成本不应该是偏好品牌延伸的原因，新品牌无论如何不应该用广告推出。

一个新品牌需要信任度，这超过其他任何东西（产品、特性、利益），这是只有公关能做的工作。

广告喜欢旧名字，公关喜欢新名字

一个新品牌是一个广告项目中的负担，却是一个公关策划的资产。一个新品牌名称告诉媒体产品或服务是新颖而独特的，这正是媒体想要报道的。

当苹果电脑公司推出麦金塔电脑时，它原可以把它的新产品叫做苹果Ⅳ。但是苹果的名字可能掩盖新麦金塔产品具有的革命性特点。

一个新名字润滑了公关的滑轨。它暗示产品或服务如此不同，从而需要一个全新的品牌名字。一个品牌延伸名字更多暗示的是相同的东西。

当索尼想进入游戏机业务时，它没有把品牌叫做索尼 VGP。索尼推出了 PSP 游戏站，它制造了大量的媒体关注，很快成了游戏机的领导品牌。

和传统智慧不同，一个第二品牌的成功常常依赖公司把第二品牌和第一品牌分离的能力。木匠和管道工买得伟（DeWalt）的工具，不是因为它们由布莱克 & 德克尔（Black & Decker）制造。抛开得伟工具是由布莱克 & 德克尔制造的这一事实，木匠和管道工还是会买这个品牌。

一个新品牌名称为公关策划注入生气。

广告是滑稽的，公关是严肃的

广告有个问题，它是一个缺乏信任度的传播技术，并且几乎完全被它的潜在顾客忽略。你如何用一个广告信息抓住潜在顾客的注意力。

说个笑话，滑稽，有娱乐性。所以电子数据系统（Electronic Data Systems）为了设法销售几百万美元的电脑业务合同，在超级杯上播出成群的猫的广告，接着播出在西班牙班普洛纳奔跑的松鼠的商业广告。

广告有个严重问题。说笑话卖弄聪明的方法碰到了失聪者。广告业给自己鼓劲并重复最新的商业广告的妙语，但是消费者忽略这些信息。上次有人对你说"我要去买昨晚在电视黄金时段看到的广告中的产品"是什么时候？

很奇怪，顾客确实购买在电视上播出广告的产品，可是那些产品大多数是信息类的广告，它们的调子一般比较严肃。此外，靠结果来论生死的直邮广告很少是幽默的。

建立品牌是一项严肃的工作，需要深思熟虑的方法。我们如何定义一个品类以便我们能成为那个新品类的第一品牌？我们应该选择什么样的品牌名称来反映那个品类，而且得是个合适的名字。我们如何接触媒体以便让它们为一个刚起步的新品牌报道故事？品牌代言人是谁？哪一点入手会点燃让品牌起飞的火花？

这些问题和其他问题都是严肃的。成群的猫和奔跑的松鼠不是那些问题的答案。

当然，公关可以是心情愉快、自我贬低和有乐趣的，但不应该是滑稽的。把玩笑留给广告人，他们需要靠玩笑去赢得下一个奖杯。

广告没有创意，公关有创意

你可能会认为我们把标题搞反了，毕竟，广告业以它的创意为荣。

但是创意是什么？创意最纯粹的意思是"原创"，但是广告不应该是原创的。它的角色和功能不是在心智中植入新概念，而是利用公关在心智中建立起来的概念，并且特别要强化这些概念（这是我们30年前提出的定位概念的实质）。

不是原创不意味着没有技巧、不加修饰或不专业，也不意味着不聪明。广告必须做的是控制它的创意并回到拉拉队队长的角色。

和普遍观点不同，创意不总是一个正面的特性。比如，有创意的会计就是让像安然那样的公司陷入麻烦的原因。

创意不属于广告部门，创意属于公关部门。从公关必须把产品或服务定位成新的和不同的角度看，公关需要原创。《纽约时报》说："适合印刷的所有新闻。"

《时代》和其他媒体不喜欢撰写有关更优秀的产品或服务的文章，

它们想写一些"新东西"的文章。就是说，原创的东西、不同的东西、有创意的东西。

公关的任务是抓住最新的产品并改进它们，并用大量的创意，把它变成真正新的和不同的东西。

广告不可信，公关可信

拉斯维加斯梦幻（Mirage）剧场的西格弗里德和罗伊（Siegfried & Roy）表演的高潮是，大师把一只老虎变成了一个歌舞女郎。这在观众看来，简直是难以置信，完全难以置信。

广告产生同样的印象。当北极熊喝可口可乐时，观众认为它是一个可爱、聪明和难以置信的商业广告。

像齐格尔和洛伊的表演那样，广告不可信（incredible），字典中对"incredible"这个词的定义是"不可信，无法相信"。无论你如何用创意伪装一个广告，它的核心还是一个没有可信度的广告。

公关也有可信度问题。人们相信他们在媒体上读到、听到或看到的所有东西吗？当然不，但是有一个重要区别：他们只会排斥与他们心智中已有概念相冲突的东西。比如，民主党会排斥支持共和党观点的信息，反过来也是。

想想当一个新品牌，特别是一个新品类的新品牌推出时的情况。潜在顾客的心智中没有冲突，因为没有竞争品牌，因为它是一个新品类。

这也是在推出一个新品牌时公关能成为一个强大工具的原因。概念可以从媒体移到潜在顾客的心智中，排斥机会很小（如果你对一个新产品或新品类一无所知，你为何会排斥向你提供的有关这个主题的信息？如果你对阿富汗一无所知，你会相信你读到的有关这个国家的所有东西）。

如果你对一个新产品或新品类一无所知，那么你将相信你读到的有关这个主题的所有东西，特别是如果这个信息出自一个可信的来源而不是一个不可信的来源。

这正是为什么公关是一个如此强有力的打造品牌的工具的原因。

广告维护品牌，公关建立品牌

我们以本书的核心概念作为结束。如果广告接受它在品牌生命周期中的真正角色，它就有美好的将来。在公关建立品牌后，品牌需要广告维护它的地位。

人们会遗忘，你必须不断提醒他们品牌的位置在哪里。啤酒之王，轮胎第一，正宗货，使用如此简单，难怪是第一。美国最受欢迎的是番茄酱，意大利第一的则是比萨。

另一方面，公关必须在建立品牌的阶梯上向上移动。它必须承担其在营销过程中的真正角色和功能的责任，打造一个品牌。

品牌生存和品牌灭亡。一个品牌不会永生，最终每个公司会面临同样的问题，当旧品牌到了生命的终点时，如何打造一个新品牌替代旧品牌。

Palm、黑莓、星巴克、红牛、PSP、诺基亚、Zara、伟哥、亚马逊网站和易趣网站，这些品牌和很多其他新品牌都是由公关而不是广告建立的。

这不是一个年龄的问题。有些品牌存在几十年了，但是从未进入潜在顾客的心智。就营销来说，这些是新品牌，它们在转向广告支持之前需要大量的公关。

公关第一，广告第二。这是今天在营销舞台上成功的关键。

附录 A 定位思想应用

定位思想
正在以下组织或品牌中得到运用

· 长城汽车：品类聚焦打造全球盈利能力最强车企

以皮卡起家的长城汽车决定投入巨资进入现有市场更大的轿车市场，并于 2007 年推出首款轿车产品，市场反响冷淡，企业销售收入、利润双双下滑。2008 年，在定位理论的帮助下，通过研究各个品类的未来趋势与机会，长城确定了聚焦 SUV 的战略，新战略驱动长城重获竞争力，哈弗战胜日韩品牌，重新夺回中国市场 SUV 冠军宝座。2011 年至今，长城更是逆市增长，SUV 产品供不应求，销售增速及利润高居自主车企之首，利润率超过保时捷位居全球第一，连续三年成为全球盈利能力最强的车企。2009 年导入聚焦战略不到 5 年里，长城汽车股票市值增长超过 80 倍。

· 老板：定位"大吸力"，摆脱长期拉锯战，油烟机市场一枝独秀

长期以来厨房家电中的两大品牌——老板与方太——之间的竞争呈现胶着状态，双方仅有零点几个百分点的差距。2012 年开始，老板进一步收缩业务焦点，聚焦"吸油烟机"，强化"大吸力"。根据中怡康零售监测数据显示，2013 年老板电器在吸油烟机市场的零售量和零售额份额同时卫冕。同时，由于企业聚焦的"光环效应"带动，老板灶具的销售额与销售量也双双夺冠，首次全面超越华帝灶具。2014 年第一季度，老板吸油烟机零售量市场份额达到 15.67%，领先第二名 36.02%；零售额市场份额达到 23.30%，领先第二名 17.31%。

•新杰克缝纫机：聚焦"服务"与中小企业，缔造全球工业缝纫机领导品牌

在经历连续三年下滑后，昔日工业缝纫机出口巨头杰克公司启动新的聚焦战略，进一步明确了"聚焦中档机型、聚焦中小服装企业客户、聚焦服务"的战略方向。在推动实施新战略后，新杰克公司2013年销售大幅上涨。当年工业缝纫机行业整体较上一年上涨10%～15%，而杰克公司上涨110%。新战略推动杰克品牌重回全球工业缝纫机领导品牌的位置，杰克公司成为全球最大的工业缝纫机企业。

•真功夫：新定位缔造中式快餐领导者

以蒸饭起家的中式快餐品牌真功夫在进入北京、上海等地之后逐渐陷入发展瓶颈，问题点增加，增长乏力。在定位理论的帮助下，通过研究快餐品类分化趋势，真功夫厘清了自身最佳战略机会，聚焦于米饭快餐，成立"米饭大学"，打造"排骨饭"为代表品项，并以"快速"为定位指导内部运营以及店面选址。新战略使真功夫重获竞争力，拉开与竞争对手的差距，进一步巩固了中式快餐领导者的地位。

……

红云红河集团、鲁花花生油、芙蓉王香烟、长寿花玉米油、今麦郎方便面、白象方便面、爱玛电动车、王老吉凉茶、桃李面包、惠泉啤酒、燕京啤酒、美的电器、方太厨电、创维电器、九阳豆浆机、乌江涪陵榨菜……

•"棒！约翰"：以小击大，痛击必胜客

《华尔街日报》说"谁说小人物不能打败大人物"时，就是指"棒！约翰"以小击大，痛击必胜客的故事。里斯和特劳特帮助它把自己定位成一个聚焦原料的公司——更好的原料、更好的比萨，此举使"棒！约翰"在美国已成为公认最成功的比萨店之一。

•IBM：成功转型，走出困境

IBM公司1993年巨亏160亿美元，里斯和特劳特先生将IBM品牌重新定位为"集成计算机服务商"，这一战略使得IBM成功转型，走出困境，2001年的净利润高达77亿美元。

• 莲花公司：绝处逢生

莲花公司面临绝境，里斯和特劳特将它重新定位为"群组软件"，用来解决联网电脑上的同步运算。此举使莲花公司重获生机，并凭此赢得 IBM 的青睐，以高达 35 亿美元的价格售出。

• 西南航空：超越三强

针对美国航空的多级舱位和多重定价的竞争，里斯和特劳特将它重新定位为"单一舱级"的航空品牌，此举帮助西南航空从一大堆跟随者中脱颖而出，1997 年起连续五年被《财富》杂志评为"美国最值得尊敬的公司"。

......

惠普、宝洁、通用电气、苹果、汉堡王、美林、默克、雀巢、施乐、百事、宜家等《财富》500 强企业，"棒！约翰"、莲花公司、泽西联合银行、Repsol 石油、ECO 饮用水、七喜……

附录 B　企业家感言

经过这些年的发展，我的体会是：越是在艰苦的时候，越能看到品类聚焦的作用。长城汽车坚持走"通过打造品类优势提升品牌优势"之路，至少在 5 年内不会增加产品种类。

——长城汽车股份有限公司董事长　魏建军

在与里斯中国公司的多年合作中，我最大的感受是企业在不断矫正自己的战略定位、聚焦再聚焦，真的是一场持久战。

——长城汽车股份有限公司总裁　王凤英

我对定位理论并不陌生，本人经营企业多年，一直在有意识与无意识地应用定位、聚焦这些法则。通过这次系统学习，不但我自己得到了一次升华，而且更坚定了以后经营企业要运用品类战略理论，提升心智份额，提高市场份额。

——王老吉大健康产业总经理　徐文流

没听课程之前，以为品类课程和定位课程差不多，听了课程以后，发现还是有很大的不同。品类战略的方法和步骤更清晰、更容易应用。听了品类战略的课才知道怎么在企业里落实定位。

——杰克控股集团有限公司总裁　阮积祥

听完课后，困扰我多年没有想通的问题得到了解决，品类战略对我帮助真的非常大！

——西贝餐饮集团董事长　贾国龙

我读过很多国外营销、战略类图书，国内专家的书，我认为只有《品类战略》这本书的内容最值得推荐，因此，我推荐 360 公司的每位同事都要读。

——奇虎 360 公司董事长　周鸿祎

通过学习，我认识到：聚焦，打造超级单品的重要性，通过打造超级单品来提升企业的品牌力。品类战略是企业系统工程，能使企业从外而内各个环节相配称。

——今麦郎日清食品有限公司董事长 范现国

学习了品类战略之后，我对心智当中品类划分更清楚了，回去对产品就做了调整，取得了很好的效果，就这一点就值得 500 万元的咨询费。

——安徽宣酒集团董事长 李健

我很早就读过《定位》，主要的收获在观念上，在读了《品类战略》之后，我感觉这个理论是真正具备系统的操作性的。我相信（品类战略）这个方法是革命性的，它对创维集团的影响将在未来逐步显现出来。

——创维集团副总裁 杨东文

对于定位理论的理解，当时里斯中国公司的张云先生告诉我们一句话，一个企业不要考虑你要做什么，要考虑不要做什么。其实我理解定位，更多的是要放弃，放弃没有能力做到的，把精力集中到能够做到的地方，这样才有可能在有限的平台当中用你更多的资源去集中，做到相对竞争力的最大化。

——家有购物集团有限公司董事长 孔炯

我听过很多营销课，包括全球很多大公司的实战营销、品牌课程。里斯的品类战略是我近十年来听到的最好的营销课程！南孚聚焦战略的成功经验，是花了一亿多元的代价换回来的。所以，关于聚焦，我特别有共鸣。

——南孚电池营销总裁 刘荣海

我们非常欣赏和赞同里斯品类战略的思想，我们向每一个客户推荐里斯先生的《品牌的起源》，了解品类战略。我们也是按照品类战略的思想来选择投资的企业。

——今日资本总裁 徐新

这是一个少即是多、多即是少的时代，懂得舍弃，才有专一，只有占据人们心智中的"小格子"，才终成唯一。把一切不能让你成为第一的东西统统丢掉，秉怀这种魄力，抵抗内心的贪婪，忍痛割爱到达极致，专心做好一件事，才有可能开创一个品类，引领一个品牌，终获成功。

——猫人国际董事长　游林

经过 30 年的市场经济发展，现在我们回过头来再来看《品类战略》。一方面，它是对过去的提炼与总结；另一方面，它让我们更多地了解到我们的中国制造怎样才能变成中国创造。

——皇明集团董事长　黄鸣

接触了定位理论，对我触动很大，尤其是里斯先生的无私，把这么好的观念无私地奉献给企业。

——滇红集团董事长　王天权

三天的学习，最大的收获是：用聚焦思考定位，做企业就是做品牌大树，而不是品牌大伞或灌木。还有一个重要的启示是：战略由决策层领导制定。

——公牛集团董事长　阮立平

好多年前我就看过有关定位的书，这次与我们各个事业部的总经理一起来学习，让自己对定位的理念更清晰，理解更深刻，对立白集团的战略和各个品牌的定位明朗了很多。

——立白集团总裁　陈凯旋

消费者"心智"之真，企业、品牌"定位"之初，始于"品牌素养"之悟！

——乌江榨菜集团董事长兼总经理　周斌全

品类战略是对定位理论的发展，抓住了根本，更有实用性！很好，收获很大！

——白象食品股份有限公司执行总裁　杨冬云

课程前，我已对里斯品类战略进行了学习，并在企业中经营实践。这次学习的收获是：企业应该聚焦一个行业，甚至聚焦某一细分品类去突破。把有限的资源投入到别人的弱项以及自己的强项上去，这样才能解决竞争问题。

——莱克电气股份有限公司董事长　倪祖根

战略定位，简而不单，心智导师，品牌摇篮。我会带着定位的理念回到我们公司进一步消化，希望定位理论能够帮助我们公司发展。

——IBM（中国）公司合伙人　夏志红

定位思想最大的特点就是观点鲜明，直指问题核心，绝不同于学院派的观点。

——北药集团董事长　卫华诚

心智为王，归纳了我们品牌成长 14 年的历程，这是极强的共鸣；心智战略，指明了所有企业发展的正确方向，这是我们中国的福音；心智定位，对企业领导者提出了更高的要求，知识性企业的时代来临了。

——漫步者科技股份公司董事长　张文东

后　记

管理附言

事件通常的发展中，像广告那样的学科随着时间的推移来自我发展以维持它的功能性。变茛本来应该可以防止广告上升到艺术世界的天空中。

但是它没有。是什么阻止广告功能去适应一个变化的世界？有两个因素。

第一：天生的优势因素。广告在营销家庭中具有天生的优势。很多经理把广告和营销看做同义词，媒体代表性地称之为"广告和营销界"。《广告时代》把自己称做"科伦公司（Crain）的国际营销报纸"。

公关公司就是公关公司，但是营销公司通常是名字升级后的广告公司。

100多年来，你一直都在营销界具有优势时，你会拒绝把你的专业放到纸箱背后。

广告界不会不经抗争就放弃它在建立品牌中的主要角色。相信我的话。

第二：创意因素。最好的广告是最有创意的广告。

美国的广告界为创意吹嘘了多年后，它让自己和客户信服广告必须有创意，否则不会有效（广告词撰写人和艺术指导不在广告词和艺术部门工作，他们在创意部工作）。

创意不仅仅是热衷求奖的艺术指导和广告词撰写人的目标，客户也喜欢创意（如果在公司的广告经理桌子后面有一对金狮，你就不能挑公司广告的错）。

如果广告想要重获得新生成为一个有效的营销学科，必须推翻在管理层心智中的这两个位置。让我们同时看看两个因素。

人人都知道广告有一个自负问题，对广告人最典型的抱怨是他们"傲慢"。广告人自然而然地认为广告要为一个营销项目"定调"。在公司推出营销项目之前，公司让广告人开发将在活动中使用的战略和定位主题，或者如广告界的人说的，提出"大创意"。

本书中的大创意是角色的反转。公关第一，广告第二。在营销家族具有天生优势的应该是公关，并且应该由公关来制定战略。一旦媒体把战略在心智中定调后，广告应该跟从那个战略。

什么？公关人应该制定营销战略而广告人应该跟从？你可能会认为这不可能。

你可能是对的，只有时间才能定论。但是同样有理由说明你是错的，品牌建立发生在潜在顾客的心智中，并且只有媒体具备可信度，能把一个新概念植入心智。如果你想从头开始打造一个品牌，只有媒体能胜任这个工作。

没有品牌从一个强大的位置起步，所有的品牌都是从零开始创建。建立品牌的实质是润色能让媒体打造品牌的材料。这是今天公关业务的实质。

但是，品牌总有用完公关潜力的一刻。当品牌推出时，它可能是新的、令人激动的和不同的（比如，想想红牛）。

品牌像人一样会成长，它们会变老，令人厌倦和变得相同，它们需要广告让品牌活在心智中。

但是用哪种类型的广告呢？这里，第二个因素创意出场了。品牌不需要"创意"功能的广告（品牌已经由公关在心智中建立），它们需要"提醒"功能的广告。

提醒式的广告不是必须无趣和令人厌烦的。如果它是的话，它就不会有效。

提醒式的广告可以，也可能应该是聪明、有趣、煽情、有娱乐性、令人激动、戏剧化、措辞合理、表演出色和制作精良的。简单地说，你可以在广告中用你想要的任何东西，除了创意。

广告附言

如果公关在打造品牌时优于广告，那么为何关于这个主题的书这么少？这是个公平的问题。

我们在主要出版物上从未看到"公关代替广告成为建立品牌的主要工具"的报道。由于很多原因，广告的没落和公关的崛起缺乏媒体关注。

第一，也是最重要的，是广告公司的实力和声誉。狭义上的广告占到了美国 GDP 的 2.5%。此外，广告在报纸、杂志、电台、电视、互联网、户外和直邮中有触角。广告和棒球、热狗、苹果馅饼、雪佛兰一样是美国特色。

然后有支持广告公司的组织。美国广告联合会（American Advertising Federation）有 210 个俱乐部和 5 万名成员。美国广告代理商协会（American Association of Advertising Agencies）的会员包括有 1 279 个办公点的 494 个广告公司，它们代表了美国最成功的广告公司。美国广告主协会（Association of National Advertisers）代表了 300 个公司的 8 000 个品牌，它们每年在广告上的投入超过 1 000 亿美元。

公关领域最大的组织是美国公关协会（Public Relations Society of America），它有 100 个分部和 2 万名成员。没有美国公关主协会，显然是因为公关没有引起足够的重视。有些最大的公关公司属于公关公司理事会（Council of Public Relations Firms），但是该组织本身没有美国广告代理商协会那么大的影响力。

第二，人们趋向于根据数字来判断一个学科的价值。一个典型公司的预算中，广告的份额比公关多很多。比如说戴尔电脑公司，去年戴尔在广告上花了 4.3 亿美元，在公关上花了 200 万美元。换句话说，戴尔在广告上的投入是公关的 215 倍。很难让迈克尔·戴尔相信公关比广告更重要。

但是，戴尔品牌是公关而不是广告建立起来的好例子。最初，戴尔确保让行业出版物的电脑分析师收到电脑进行测试。1985 年，戴尔第一台 IBM 兼容机 Turbo 推出时，很快《电脑周刊》（PC Week）的好评就出现了，公司几乎马上就每月售出超过 1 000 台 Turbo 电脑。剩下的成了历史。

第三，广告得益于广泛的编辑报道。《纽约时报》、《华尔街日报》和《芝加哥论坛》有每日广告专栏；《今日美国》上有每周的广告专栏。没有一个全国性大报纸有固定的公关专栏。

第四，广告和广告人统治了美国舞台。当国务卿鲍威尔（Colin Powell）需要人主管在中东的"公关战"时，他选了谁？夏洛特·比尔斯（Charlotte Beers），他是一个广告人，他曾经同时是智威汤逊广告公司和奥美广告公司的老板。《公关周刊》（PR Week）杂志的标题是："广告界的元老领导公关运动的元老"。

当你聘用一个广告人来打公关战时，对商业界说明了什么？（暗示：公关是广告的第二功能）。

第五，广告统治了教育舞台。最近公关公司理事会（Council of Public Relations Firms）对 74 个商业学院院长的一个调研发现，有一半的 MBA 项目提供广告课程，但是只有 12 个学院提供公关课程——是包括促销和直接营销在内的所有营销课程中最低的。

第六，真正破坏公关地位的是大多数公关公司属于广告集团。美国 10 大公关公司中的 9 个属于三个广告集团：国际公众企业集团（Interpublic）、奥姆尼康（Omnicom）和 WPP。

前 10 大中仅有的一个独立广告公司是爱德曼（Edelman）全球广告公司，它位列第五。尽管如此，爱德曼是它之后的最大的独立公关公司罗德公关（Ruder Finn）的两倍大。

所有的公关花费的 2/3 是由广告公司控制的公关公司操作的，这是让广告放弃它打造品牌角色的呼声很小的主要原因。有多少公关主管会冒着惹恼他们的广告老板的风险，宣称广告的没落和公关的崛起？

据《杰克·奥德怀尔的时事通讯》（*Jack O'Dwyer's Newsletter*）的出版人兼编辑杰克·奥德怀尔（Jack O'Dwyer）说："只要大公关公司受控于广告公司，公关永远是个二等公民。"

当你从属于你的敌人时，你就学会了采取低姿态。在以广告主导的公关执行官人群中，爱德曼公关的 CEO 理查德·爱德曼（Richard W. Edelman）是一个姿态鲜明的独立公关的孤独声音。

看看这些数字。去年广告业务是 2 437 亿美元，公关是 42 亿美元，比率是 58 : 1（广告是狗，公关是尾巴）。而属于广告集团的公关公司占 42 亿美元中的 2/3。

本书是我们"扭转优势格局"的尝试。

公关附言

我们的业务是为高级管理层提供咨询。本书中大多数的概念和理念，是在我们与美国及国外的大公司进行的咨询会议的结果基础上发展而来的。

但是这些会议大多数有一个因素让人不安。

当我们在会议室里四处环视时，我们看到与会的大多数是广告人。如果公关人在会议室里，他们在讨论营销战略时也大多保持沉默。

我们想知道，广告为主导的营销向公关为主导的营销的转变受到了公关业的欢迎？可能没有。太多的公关专业人员议论反贪调查员或公司内部代表消费者的声音，而不是公司自身的声音。

太多的公关人宁愿为 CEO 提供建议而不愿和营销人一起在战壕中工作，太多的公关专业人员抱怨公关业已经"被出卖"给了营销。

被出卖？你怎么能被出卖给公司最重要的功能——营销？公司其他所有功能的存在是为了服务营销功能。

比如，营销的存在不是为了支持生产，实际上是倒过来的，生产的存在是为了支持营销。在品牌建立中，你总可以将生产和分销"外包"。

（马来西亚工厂可以说把它们的营销功能"外包"给了耐克和锐步，但是真正的力量在哪里？在吉隆坡还是在俄勒冈州的比弗顿？在生产中还是在营销中？）

如果一个公司的营销活动无效，那么公司就会陷入麻烦，无论它得到的公关咨询有多好。你愿成为一个坏女人成功的儿子，还是一个王子不成功的儿子？我认识的高级经理总是更喜欢前者。

说说微软。有些公关专业人员把微软看成一个公关灾难。这不对。微软是全球最有价值的公司之一，股市价值 3 640 亿美元。无论在法庭上发生什么，微软在市场上将仍然是个巨大的成功，或者说几个巨大的成功。（顺便说一下，一个公司由公关而不是广告建立。）

公司经理正开始意识到公关在打造品牌中的力量，但他们还必须做得更多。他们必须把他们的想法从以广告为主导的模式转到以公关为主导的模式。

特别是，公关人员有一个独特机会抓住他们客户的营销控制权，成为外部营销顾问的领导资源，成为打造品牌的推动力量。现在不是害羞的时候。现在不是扭担婆婆妈妈的时候。

公关正在进步。随着第一个"专业级"公关出版物《公关周刊》在1998年的推出，现在这个行业有了在范围、版面和写作方面能和有69年历史的广告行业的圣经《广告时代》相比的行业报纸。主编约拿·布鲁姆（Jonah Bloom）说："《公关周刊》在四大洲有五个办公场所，它在美国的迅速扩张和在全球越来越多的出现，是公关成长为战略业务工具和任何营销活动的关键构成部分的一个证明。"

这不容易。公关业务的小规模和分裂的特性严重损害了这个努力。此外，公关业被危险地根据公关角色和功能分割。这不是新闻。1975年，大概65个公关领导人坐下来写下了对公关的一致定义。

"公关是一个独特的管理功能，它帮助建立和维持一个组织和它的公众之间双向的沟通、理解、接受和合作；包括问题或争端的管理；帮助管理层不断了解公众意见并做出反馈；定义和强调服务公众利益的管理职责；帮助管理层和改变保持同步并有效利用改变，作为一个帮助预测趋势的预警系统；运用调研、声音和道德的沟通技术作为它的主要工具。"

87个英文单词，没有一个词提到建立品牌，我们认为这是公关最重要的角色。

2001年，美国公关协会选择"公关的力量"作为它的年会的主题。根据美国公关协会的解释，以下是公关强有力的原因：

"公关的力量把公关定义为一个推动我们这个世界价值交换的过程：人和人，组织和公众，社会和社会。公关的正面力量促进理解、达成一致和寻求互利。公关专业人员有能力推进社会进程；帮助客户达成目标；调解、管理和缓和冲突。"

还是没有提到建立品牌。

再看一遍美国广告联合会的广告活动主题："广告，成就伟大品牌的途径。"你知道美国广告联合会是认真的，因为它们已经注册了"伟大品牌"口号。

每样东西是一个品牌。可口可乐是一个品牌，美国是一个品牌，公关是一个品牌。你如何建立一个品牌？你设法在心智中拥有一个字眼。可口可乐是正宗货，美国是世界上最大的自由国家（所以主题是：永久的自由），但是公关是什么？

一个著名的公关人认为："公关是获取和撬动一个组织的主要持股人信任的艺术。"

伙计，你不该在成为内部专家上耗尽全力。你有工作要做，可能是任何组织中最重要的工作——建立品牌。

从长期来看，你还必须建立公关品牌。你必须做美国广告联合会设法做的事情，你必须在心智中拥有一个字眼。不幸的是，它和广告人设法拥有的字眼是同一个——建立品牌。

接下来是什么？首先你在定位公关的功能之前必须重新定位广告的功能（第三部分，"广告的新角色"讨论了这个问题）。

公司内部的其他公关职能该如何呢？公司声誉、危机管理、投资人关系等。如果你不能建立一个伟大品牌，那么所有其他功能，无论多么巧妙地处理，都不会帮助公司获得成功。

为一个公司工作的任何人都必须成为样样都懂的人。你可能必须做计划、预算、写报告和其他很多任务，但是这些任务中的任何一个都不应该转移你的专业的核心目标。

在公关中，那个核心目标就是建立品牌。

定位经典丛书

序号	ISBN	书名	作者
1	978-7-111-57797-3	定位（经典重译版）	（美）艾·里斯、杰克·特劳特
2	978-7-111-57823-9	商战（经典重译版）	（美）艾·里斯、杰克·特劳特
3	978-7-111-32672-4	简单的力量	（美）杰克·特劳特、史蒂夫·里夫金
4	978-7-111-32734-9	什么是战略	（美）杰克·特劳特
5	978-7-111-57995-3	显而易见（经典重译版）	（美）杰克·特劳特
6	978-7-111-57825-3	重新定位（经典重译版）	（美）杰克·特劳特、史蒂夫·里夫金
7	978-7-111-34814-6	与众不同（珍藏版）	（美）杰克·特劳特、史蒂夫·里夫金
8	978-7-111-57824-6	特劳特营销十要	（美）杰克·特劳特
9	978-7-111-35368-3	大品牌大问题	（美）杰克·特劳特
10	978-7-111-35558-8	人生定位	（美）艾·里斯、杰克·特劳特
11	978-7-111-57822-2	营销革命（经典重译版）	（美）艾·里斯、杰克·特劳特
12	978-7-111-35676-9	2小时品牌素养（第3版）	邓德隆
13	978-7-111-66563-2	视觉锤（珍藏版）	（美）劳拉·里斯
14	978-7-111-43424-5	品牌22律	（美）艾·里斯、劳拉·里斯
15	978-7-111-43434-4	董事会里的战争	（美）艾·里斯、劳拉·里斯
16	978-7-111-43474-0	22条商规	（美）艾·里斯、杰克·特劳特
17	978-7-111-44657-6	聚焦	（美）艾·里斯
18	978-7-111-44364-3	品牌的起源	（美）艾·里斯、劳拉·里斯
19	978-7-111-44189-2	互联网商规11条	（美）艾·里斯、劳拉·里斯
20	978-7-111-43706-2	广告的没落 公关的崛起	（美）艾·里斯、劳拉·里斯
21	978-7-111-56830-8	品类战略（十周年实践版）	张云、王刚
22	978-7-111-62451-6	21世纪的定位：定位之父重新定义"定位"	（美）艾·里斯、劳拉·里斯 张云
23	978-7-111-71769-0	品类创新：成为第一的终极战略	张云

关键时刻掌握关键技能

人际沟通宝典

《纽约时报》畅销书，全球畅销500万册

书中所述方法和技巧被《福布斯》"全球企业2000强"中近一半的企业采用

推荐人

史蒂芬·柯维 《高效能人士的七个习惯》作者
汤姆·彼得斯 管理学家
菲利普·津巴多 斯坦福大学心理学教授
穆罕默德·尤努斯 诺贝尔和平奖获得者
麦克·雷登堡 贝尔直升机公司首席执行官

刘润 润米咨询创始人
毛大庆 优客工厂创始人
肯·布兰佳 《一分钟经理人》作者
夏洛特·罗伯茨 《第五项修炼》合著者

关键对话：如何高效能沟通 （原书第3版）

作者：科里·帕特森 等 书号：978-7-111-71438-5

应对观点冲突、情绪激烈的高风险对话，得体而有尊严地表达自己，达成目标

关键冲突：如何化人际关系危机为合作共赢 （原书第2版）

作者：科里·帕特森 等 书号：978-7-111-56619-9

化解冲突危机，不仅使对方为自己的行为负责，还能强化彼此的关系，成为可信赖的人

影响力大师：如何调动团队力量 （原书第2版）

作者：约瑟夫·格雷尼 等 书号：978-7-111-59745-2

轻松影响他人的行为，从单打独斗到齐心协力，实现工作和生活的巨大改变